道路危险品罐式车设计制造标准手册

主　编　王建业

副主编　王开松

合肥工业大学出版社

图书在版编目(CIP)数据

道路危险品罐式车设计制造标准手册/王建业主编.—合肥:合肥工业大学出版社,
2023.10

ISBN 978-7-5650-6178-3

Ⅰ.①道… Ⅱ.①王… Ⅲ.①危险货物运输—罐式汽车—设计—手册②危险货物
运输—罐式汽车—制造—手册 Ⅳ.①U469.6-62

中国版本图书馆 CIP 数据核字(2022)第 230018 号

道路危险品罐式车设计制造标准手册

王建业 主 编		责任编辑 许璘琳
出 版	合肥工业大学出版社	版 次 2023 年 10 月第 1 版
地 址	合肥市屯溪路 193 号	印 次 2023 年 10 月第 1 次印刷
邮 编	230009	开 本 787 毫米×1092 毫米 1/16
电 话	基础与职业教育出版中心:0551-62903120	印 张 10.25
	营销与储运管理中心:0551-62903198	字 数 231 千字
网 址	press.hfut.edu.cn	印 刷 安徽昶颉包装印务有限责任公司
E-mail	hfutpress@163.com	发 行 全国新华书店

ISBN 978-7-5650-6178-3   定价:68.00 元

如果有影响阅读的印装质量问题,请联系出版社营销与储运管理中心调换。

《道路危险品罐式车设计制造标准手册》
编写组

主　　编　王建业

副主编　王开松

编　　委　冯　鹏　王鹏达　汤振齐

　　　　　廖龙和　汪选要　姜阔胜

　　　　　喻曹丰

前　言

当前，全球新一轮的科技革命方兴未艾，能源转型、气候变化及复杂多变的国内外形势相互交织。在数字化、电动化的赋能下，汽车的能源动力、生产制造和消费使用方式全面重塑，新的产业竞争关系正在加速形成。

在行业发展方面，危险品运输需求呈快速增长趋势，从事危险品运输的企业数量以及危险品运输车的数量逐年增多，但危险品运输事故发生率却居高不下，产品一致性控制差、产品标准执行偏差等问题也一直存在。因此，加强和促进危险品运输车生产行业从业人员的专业技术水平及能力尤为重要。

危险品运输专用车以《机动车运行安全技术条件》（GB 7258—2017）为根本遵循，按照《道路运输液体危险货物罐式车辆　第1部分：金属常压罐体技术要求》（GB 18564.1—2019）、《道路运输爆炸品和剧毒化学品车辆安全技术条件》（GB 20300—2018）、《危险货物道路运输营运车辆安全技术条件》（JT/T 1285—2020）及其他100多项标准的要求形成了本领域的标准体系。同时，按照《罐式危险品运输车及半挂车补充安全技术要求》《常压液体危险货物罐车治理工作方案》的要求，由工业和信息化部、交通运输部、生态环境部、公安部和国家市场监督管理总局等部门，开展对车辆的准入、生产、登记、营运等进行全生命周期管理。

关于危险品道路运输产品，国家标准虽有100多项，但尚缺乏系统性、全面性、针对性的说明；从技术标准、行业法规等角度来看，也缺少对危险品道路运输产品的关键性技术和要求等方面的文献。目前，市场上缺乏关于道路危险品罐式车设计制造标准手册方面的书籍。在危险品道路运输产品的设计、生产、质量及营销方面，同行业及同类研究机构均缺乏开展系统性、专业性、针对性研究，也缺少同类研究成果作为参考。

编者多年从事危险品运输车设计、生产、质量及营销方面的管理工作，所在的企业在全国各省（市、自治区）均有经销网络和稳定的终端用户，其中连续多年占据油田危险品市场产品销售份额第一，危险品运输产品出口 20 余个国家，产品应用数据收集较为完整，具有很强的验证性。近年来，随着市场竞争的日趋激烈、行业法规的逐渐完善与规范，行业门槛逐渐提高。作者目睹了行业巨变，不断探索如何造一款好车，给用户最好的体验与安全保障。显然，如果有一个标准和尺度能够细致地分析行业形势，营销服务和质量管控就显得尤为重要。

本书系统、全面、有针对性地对危险品运输车定义、分类、标准法规、市场营销、市场构成、设计、工艺、质量管控、安全管控等全过程进行更专业的解读。通过典型案例介绍，分析制造企业质量管控问题，详细阐释各项国家标准，解答危险品道路运输产品市场频发的质量问题的根源，从生产过程质量控制等方面提供源头性的预防和控制建议，以专业的视角解读行业标准及技术难题，尤其是针对危险品运输车安全性、智能性提出了新的思考，分析了行业发展趋势，为提升行业从业人员专业技术和从业能力提升提供参考。从事危险品道路运输车辆相关设计、制造、运输等环节的研发人员，生产过程质量控制、标准化作业人员，危险品车辆营销人员，以及从事危险品运输的从业人员，包括公路、交通路政、车管所、检测机构等执法机关单位等从事危险品运输全过程相关环节的人员均可参考阅读，本书的受众群体规模庞大。

授人玫瑰，手留余香。愿我们在市场竞争中，都能保持良好的心态。在此书的编写过程中，编者得到了陕汽淮南公司、安徽理工大学等单位的大力帮助，在此一并表示感谢。限于编者水平有限，错漏之处在所难免，诚恳希望广大读者批评指正。

王建业

2022 年 10 月

目录
Contents

第1章 危险品的定义和分类

1.1 危险品的定义

危险货物（也称危险物品或危险品），是指具有爆炸、易燃、毒害、感染、腐蚀、放射性等危险特性，在运输、储存、生产、经营、使用和处置的过程中，容易造成人身伤亡、财产损毁或环境污染而需要特别防护的物质和物品。

1.2 危险品的种类

危险品是易燃、易爆、有强烈腐蚀性、有毒和放射性等物品的总称，如汽油、炸药、强酸、强碱、苯、萘、赛璐珞、过氧化物等，运输和贮藏时，应按照危险品条例处理。

危险货物按照 GB 6944—2012 分为 9 类，有些类别的再分项别见表 1-1 所列。

表 1-1 危险货物分类 （依据 GB 6944—2012《危险货物分类和品名编号》）

类别	类别名称	项别	项别名称
第 1 类	爆炸品	1.1 项	有整体爆炸危险的物质和物品
		1.2 项	有迸射危险，但无整体爆炸危险的物质和物品
		1.3 项	有燃烧危险并有局部爆炸危险或迸射危险或这两种危险都有，但无整体爆炸危险的物质和物品
		1.4 项	不呈现重大危险的物质和物品
		1.5 项	有整体爆炸危险的非常不敏感物质
		1.6 项	无整体爆炸危险的极端不敏感物品

（续表）

类别	类别名称	项别	项别名称
第2类	气体	2.1项	易燃气体
		2.2项	非易燃无毒气体
		2.3项	毒性气体
第3类	易燃液体	/	
第4类	易燃固体、易于自燃的物质、遇水放出易燃气体的物质	4.1项	易燃固体、自反应物质和固态退敏爆炸品
		4.2项	易于自燃的物质
		4.3项	遇水放出易燃气体的物质
第5类	氧化性物质和有机过氧化物	5.1项	氧化性物质
		5.2项	有机过氧化物
第6类	毒性物质和感染性物质	6.1项	毒性物质
		6.2项	感染性物质
第7类	放射性物质	/	
第8类	腐蚀性物质	/	
第9类	杂项危险物质和物品，包括危害环境物质	/	

第1类：爆炸品

（1）爆炸品包括爆炸性物质和爆炸性物品。爆炸性物质是指固体或液体物质（或物质混合物），自身能够通过化学反应产生气体，其温度、压力和速度高到能对周围环境造成破坏，烟火物质即使不放出气体，也包括在内；爆炸性物品是指含有一种或几种爆炸性物质的物品。

（2）本类货物按危险性分为6项。

第1项　有整体爆炸危险的物质和物品

第2项　有迸射危险，但无整体爆炸危险的物质和物品

第3项　有燃烧危险并有局部爆炸危险或迸射危险或这两种危险都有，但无整体爆炸危险的物质和物品

第4项　不呈现重大危险的物质和物品

本项包括运输中万一点燃或引发时仅造成较小危险的物质和物品；其影响主要限于包件本身，并预计射出的碎片不大、射程也不远，外部火烧不会引起包件几乎全部内装物的瞬间爆炸。

第5项　有整体爆炸危险的非常不敏感物质

本项包括有整体爆炸危险性、但非常不敏感，以致在正常运输条件下引发或由燃烧转为爆炸的可能性极小的物质。

第6项　无整体爆炸危险的极端不敏感物品

本项包括仅含有极不敏感爆炸物质、并且其意外引发爆炸或传播的概率可忽略不

计的物品。本项物品的危险仅限于单个物品的爆炸。

第 2 类：气体

（1）本类气体指满足下列条件之一的物质：

① 在 50 ℃时，蒸气压力大于 300 kPa 的物质；

② 20 ℃时在 101.3 kPa 标准压力下完全是气态的物质。

本类包括压缩气体、液化气体、溶解气体和冷冻液化气体、一种或多种气体与一种或多种其他类别物质的蒸气混合物、充有气体的物品和气雾剂。

（2）本类货物分为 3 项：

第 1 项　易燃气体

本项包括在 20 ℃和 101.3 kPa 条件下满足下列条件之一的气体：

① 爆炸下限小于或等于 13％的气体；

② 不论其爆燃性下限如何，其爆炸极限（燃烧范围）大于或等于 12％的气体。

第 2 项　非易燃无毒气体

本项包括窒息性气体、氧化性气体以及不属于其他项别的气体，不包括在温度 20 ℃时的压力低于 200 kPa、并且未经液化或冷冻液化的气体。

第 3 项　毒性气体

本项包括满足下列条件之一的气体：

① 其毒性或腐蚀性对人类健康造成危害的气体；

② 急性半数致死浓度 LC_{50} 值小于或等于 5000 mL/m³ 的毒性或腐蚀性气体。

第 3 类：易燃液体

（1）本类包括易燃液体和液态退敏爆炸品。易燃液体是指易燃的液体或液体混合物，或是在溶液或悬浮液中有固体的液体，其闭杯试验闪点不高于 60 ℃，或开杯试验闪点不高于 65.6 ℃。易燃液体还包括满足下列条件之一的液体：

① 在温度等于或高于其闪点的条件下提交运输的液体；

② 以液态在高温条件下运输或提交运输、并在温度等于或低于最高运输温度下放出易燃蒸气的物质。

（2）液态退敏爆炸品，是指为抑制爆炸性物质的爆炸性能，将爆炸性物质溶解或悬浮在水中或其他液态物质后，而形成的均匀液态混合物。

第 4 类：易燃固体、易于自燃的物质、遇水放出易燃气体的物质

第 1 项　易燃固体、自反应物质和固态退敏爆炸品

易燃固体是指易于燃烧的固体和摩擦可能起火的固体；自反应物质是指即使没有氧气（空气）存在，也容易发生激烈放热分解的热不稳定物质；固态退敏爆炸品是指为抑制爆炸性物质的爆炸性能，用水或酒精湿润爆炸性物质、或用其他物质稀释爆炸性物质后，而形成的均匀固态混合物。

第 2 项　易于自燃的物质

本项包括发火物质和自热物质。

第 3 项　遇水放出易燃气体的物质

本项物质是指遇水放出易燃气体，且该气体与空气混合能够形成爆炸性混合物的

物质。

第 5 类：氧化性物质和有机过氧化物

第 1 项　氧化性物质

本项物质系指本身未必燃烧，但通常因放出氧可能引起或促使其他物质燃烧的物质。

第 2 项　有机过氧化物

本项物质系指含有两价过氧基（—O—O—）结构的有机物质。

第 6 类：毒性物质和感染性物质

第 1 项　毒性物质

本项物质系指经吞食、吸入或与皮肤接触后可能造成死亡或严重受伤或损害人类健康的物质。

第 2 项　感染性物品

本项物质系指已知或有理由认为含有病原体的物质。

第 7 类：放射性物质

本类物质是指任何含有放射性核素并且其活度浓度和放射性总活度都超过 GB 11806 规定限制的物质。

第 8 类：腐蚀性物质

本类物质系指通过化学作用使生物组织接触时造成严重损伤或在渗漏时会严重损害甚至毁坏其他货物或运载工具的物质。本类包括满足下列条件之一的物质：

① 使完好皮肤组织在暴露超过 60 min、但不超过 4 h 之后开始的最多 14 d 观察期内全厚度毁损的物质；

② 被判定不引起完好皮肤组织全厚度毁损，但在 55 ℃试验温度下，对钢或铝的表面腐蚀率超过 6.25 mm/a 的物质。

第 9 类：杂项危险物质和物品，包括危害环境物质

本类是指存在危险但不能满足其他类别定义的物质和物品，包括：

（1）以微细粉尘吸入可危害健康的物质，如 UN 2212，UN 2590 等；

（2）会放出易燃气体的物质，如 UN 2211，UN 3314 等；

（3）锂电池组，如 UN 3090，UN 3091，UN 3480，UN 3481 等；

（4）救生设备，如 UN 2990，UN 3072，UN 3268 等；

（5）一旦发生火灾可形成二噁英的物质和物品，如 UN 2315，UN 3432，UN 3151，UN 3152 等；

（6）须在高温下运输或提交运输的物质，即在液态温度达到或超过 100 ℃，或在固态温度达到或超过 240 ℃条件下运输的物质，如 UN 3257，UN 3258 等；

（7）危害环境的物质，包括污染水生环境的液体或固体物质，以及这类物质的混合物（即制剂和废物），如 UN 3077，UN 3082 等；

（8）不符合 6.1 项毒性物质或 6.2 项感染性物质定义的经基因修改的微生物和生物体，如 UN 3245 等；

（9）其他，如 UN 1841，UN 1845，UN 1931，UN 194I，UN 1990，UN 2071，

UN 2216，UN 2807，UN 2969，UN 3166，UN 3171，UN 3316，UN 3334，UN 3335，UN 3359，UN 3363 等。

各类危险品的特点、储运要求和标志见表 1-2 所列。

表 1-2 各类危险品的特点、储运要求和标志

危险品分类			
类别	特点	储运要求	标志
第 1 类：爆炸品	具有化学不稳定性，在一定外界因素的作用下，会进行猛烈的化学反应，主要有以下 4 个特点： 1. 化学反应速度极快。一般以万分之一秒的时间完成化学反应，爆炸能量在极短时间内放出，因此具有巨大的破坏力。 2. 爆炸时产生大量的热。这是爆炸品破坏力的主要来源。 3. 产生大量高压气体，形成的冲击波对周围建筑物有很强的破坏性。 4. 有些爆炸品与某些化学品如酸、碱、盐发生化学反应，反应的生成物更容易爆炸，如苦味酸遇某些碳酸盐能反应生成更易爆炸的苦味酸盐	避免摩擦、撞击、颠簸、震荡，严禁与氧化剂、酸、碱、盐类、金属粉末和钢材料器具等混储混运	
第 2 类：气体	第 1 项 易燃气体 此项气体极易燃烧，与空气混合能形成爆炸性混合物，在常温、常压下遇明火、高温即会发生燃烧或爆炸。 第 2 项 非易燃无毒气体 非易燃无毒气体指无毒、不易燃气体，包括助燃气体，高浓度时有窒息作用。助燃气体有强烈的氧化作用，遇油脂能发生燃烧或爆炸。 第 3 项 毒性气体 此项气体有毒，毒性指标与第 6 类毒性指标相同。对人畜有强烈的毒害、窒息、灼伤、刺激作用，其中有些还具有易燃、氧化、腐蚀等性质	所有压缩气体都有危害性，因为在高压之下，有些气体具有易燃、易爆、助燃、剧毒等性质，在受热、撞击等情况下，易引起燃烧爆炸或中毒事故	

（续表）

危险品分类			
类别	特点	储运要求	标志
第3类：易燃液体	易燃液体具有以下特点： 1. 高度易燃性。遇火、受热以及和氧化剂接触时有发生燃烧的危险，其危险性的大小与液体的闪点、自燃点有关，闪点和自燃点越低，发生燃烧的危险越大。 2. 易爆性。由于易燃液体的沸点低，挥发出来的蒸气与空气混合后，浓度易达到爆炸极限，遇火源往往发生爆炸。 3. 高度流动性。黏度很小，极易流动，因渗透、浸润及毛细现象等作用，易渗出容器壁外，蒸发形成的易燃蒸气比空气重，能在坑洼地带积聚，增加燃烧爆炸的危险性。 4. 易积聚电荷性。部分易燃液体，如苯、甲苯、汽油等，电阻率大，易积聚静电而产生静电火花，造成火灾事故。 5. 受热膨胀性。膨胀系数比较大，受热后体积容易膨胀，蒸气压升高，导致密封容器内部的压力增大，造成"鼓桶"甚至爆裂，在容器爆裂时会产生火花而引起燃烧爆炸。因此，应避热存放，灌装时，容器内应留有5%以上的空隙。 6. 毒性。大多数易燃液体及其蒸气均有不同程度的毒性。我们在操作过程中，应做好劳动保护工作	易燃性是易燃液体的主要特性，在使用时应特别注意：严禁烟火，远离火种、热源；禁止使用易发生火花的铁制工具及穿带铁钉的鞋	
第4类：易燃固体、易于自燃的物质、遇水放出易燃气体的物质	一、易燃固体的主要特性 1. 容易被氧化，受热易分解或升华，遇明火常会引起强烈、连续燃烧。 2. 与氧化剂、酸类等接触，反应剧烈而发生燃烧爆炸。 3. 对摩擦、撞击、震动很敏感。 4. 许多易燃固体有毒，或燃烧产物有毒或腐蚀性。 二、自燃物品的主要特性 自燃物品在化学结构上无规律，有着各自不同的自燃特性：	对于易燃固体应特别注意粉尘爆炸，据自燃物品的不同特性采取相应的措施。遇湿易燃物质起火时，严禁用水、酸碱泡沫、化学泡沫扑救	

危险品分类			
类别	特点	储运要求	标志
第 4 类：易燃固体、易于自燃的物质、遇水放出易燃气体的物质	1. 黄磷性质活泼，极易氧化，燃点又特别低，一经暴露在空气中很快引起自燃。但黄磷不和水发生化学反应，通常放置在水中保存。黄磷本身极毒，其燃烧产物五氧化二磷为有毒物质，遇水生成剧毒的偏磷酸。遇磷燃烧时，应在扑救的过程中防止中毒。 2. 二乙基锌、三乙基铝等有机金属化合物，在空气中能自燃，遇水能强烈地分解产生易燃氢气，引起燃烧爆炸。因此，储存和运输必须用充有惰性气体或特定的容器包装，失火时亦不可用水扑救。 三、遇湿易燃物质除遇水反应外，遇到酸或氧化剂会发生更加强烈的反应，危险性也更大。因此，在储存、运输和使用时，应注意防水、防潮，严禁接近火种，与其他性质相抵触的物质须隔离存放		
第 5 类：氧化性物质和有机过氧化物	氧化性物质具有较强的获得电子能力，有较强的氧化性，遇酸碱、高温、震动、摩擦、撞击、受潮或与易燃物品、还原剂等接触能迅速分解，有引起燃烧、爆炸的危险	1. 氧化剂应储存于清洁、阴凉、通风、干燥的库房内。远离火种、热源，防止日光曝晒，照明设备要防爆。 2. 仓库不得漏水，并应防止酸雾的侵入。严禁与酸类、易燃物、有机物、还原剂、自燃物品、遇湿易燃物品等混合储存。 3. 运输时应单独装运，不得与酸类、易燃物品、自燃物品、遇湿易燃物品、有机物、还原剂等同车混装	

（续表）

危险品分类			
类别	特点	储运要求	标志
第6类：毒性物质和感染性物质	具体指标 经口腔：$LD_{50} \leqslant 500$ mg/kg（固体） $LD_{50} \leqslant 2000$ mg/kg（液体） 经皮肤：$LD_{50} \leqslant 1000$ mg/kg（24 h 接触） 吸入：$LC_{50} \leqslant 10$ mg/L（粉尘、烟雾、蒸气）	1. 必须携带好劳动防护用品（如工作服、手套、防毒口罩或面具）及防散失、防雨等工具和属具。 2. 作业现场先通风排气，驱除积聚的有毒气体。 3. 装运过毒害品的车辆清洗、消毒前，严禁装运食品或鲜活动物。 4. 在运输感染性物品后，车辆应到指定的地点集中清洗消毒	剧毒品 6 有毒品 6 有害品（远离食品）6 感染性物品 6
第7类：放射性物质	1. 具有放射性 放射性物质放出的射线分为4种：α射线，即甲种射线；β射线，即乙种射线；r射线，即丙种射线；还有中子流。过量的射线对人体的危害很大。 2. 许多放射性物品的毒性都很大 不能用化学方法中和使其不放出射线，只能设法把放射性物质清除，或者用适当的材料予以吸收屏蔽	人员所受剂量应低于 GB 18871 规定的剂量限值。防护应是最优化的，即在考虑了经济和社会因素之后，在个人所受剂量低于剂量约束值的条件下，使个人剂量的大小、受照射人数及引起照射的可能性保持在可合理达到的尽量低的水平。应从组织结构和系统上采取措施，并考虑运输与其他活动之间的关系	放射性 I 内容物 活度 7 易裂变 临界安全指数 7

危险品分类			
类别	特点	储运要求	标志
第8类：腐蚀性物质	1. 强烈的腐蚀性 这类物质能灼伤人体组织，对金属、动植物机体、纤维制品等具有强烈的腐蚀作用。多数腐蚀品有不同程度的毒性，有的是剧毒品。 2. 易燃性 许多有机腐蚀物品具有易燃性，如甲酸、冰醋酸、苯甲酰氯、丙烯酸等。 3. 氧化性 如硝酸、硫酸、高氯酸、溴素等，接触木屑、食糖、纱布等可燃物时，会发生氧化反应，引起燃烧	具有氧化性的腐蚀品不得接触可燃物和还原剂；有机腐蚀品严禁接触明火、高温或氧化剂；有机酸性腐蚀品不得与有氧化性的无机酸性腐蚀品配装，腐蚀品不得与普通货物配装，浓硫酸不得与任何其他物质配装，酸性腐蚀品不得与碱性腐蚀品配装	
第9类：杂项危险物质和物品，包括危害环境的物质	根据《危险废物鉴别标准通则》（GB 5085.7—2019）及《国家危险废物名录》（2021年版）规定，对生态环境和人体健康具有有害影响的毒性（Toxicity，T）、腐蚀性（Corrosivity，C）、易燃性（Ignitability，I）、反应性（Reactivity，R）和感染性（Infectivity，In）的危险物品。		

1.3　危险品运输车种类

1.3.1　专用汽车

装备有专用设备，具备专用功能，用于承担专门运输任务、专项作业、其他专项用途的汽车。

1.3.1.1　厢式汽车 van

装备有专用设备，具有独立的封闭结构车厢（可与驾驶室联成一体）的专用汽车。厢式汽车分为厢式专用运输汽车、厢式专用作业汽车。其中，厢式专用运输汽车（specialized goods van）装备有独立的封闭结构车厢（可与驾驶室联成一体），用于运输货物、特定人员或特殊物品，类别如下：

（1）爆炸品厢式运输车（explosives van）

装备有防静电和监控装置等，用于运输有爆炸性危险货物的厢式专用运输汽车。

（2）易燃气体厢式运输车（flammable gas van）

装备有安全装置，用于运输具有独立容器（瓶）包装的易燃气体的厢式专用运输汽车。

（3）毒性气体厢式运输车（poison gas van）

装备有防静电和监控装置等，用于运输具有独立容器（瓶）包装的毒性气体的厢式专用运输汽车。

（4）易燃液体厢式运输车（flammable liquid van）

装备有安全装置，用于运输具有独立容器（瓶）包装的易燃液体的厢式专用运输汽车。

（5）易燃固体厢式运输车（flammable solid matter or substance van）

装备有安全装置，用于运输易燃固体的厢式专用运输汽车。

（6）氧化性物品厢式运输车（oxidizer substance van）

装备有安全装置，用于运输氧化性物品的厢式专用运输汽车。

（7）毒性和感染性物品厢式运输车（poisonous materials and infectious substance van）

装备有防静电和监控装置等，用于运输毒性和感染性物品的厢式专用运输汽车。

（8）放射性物品厢式运输车（radioactive material van）

装备有安全装置，用于运输放射性物品的厢式专用运输汽车。

1.3.1.2　罐式汽车 tanker

装备有罐状容器，用于运输或完成特定作业任务的专用汽车。罐式汽车分为罐式专用运输汽车、罐式专用作业汽车。其中，罐式专用运输汽车（specialized goods tanker）装备有罐状容器，用于运输固态、液态或其他介质的危险品，可以分为如下几类：

（1）低温液体运输车（low temperature liquid tanker）

装备有低温液体罐、控制系统和安全设施等，用于运输低温液体的罐式专用运输汽车。

（2）液化气体运输车（liquefied gas tanker）

装备有控制系统和安全设施，用于运输液化气体的罐式专用运输汽车。

（3）沥青运输车（heated bitumen tanker）

装备有沥青贮运容器和沥青加温设备，用于运输液态沥青的罐式专用运输汽车。

（4）运油车（fule tanker）

装备有消除静电、灭火等安全装置，用于运输油料的罐式专用运输汽车。

（5）二氧化碳运输车（carbon dioxide tanker）

装备有专用装置，用于运送罐装低温高压液态二氧化碳的罐式专用运输汽车。

（6）爆炸品罐式运输车（explosives tanker）

装备有罐体防护装置、防静电和监控装置等，是用于运输爆炸性危险货物的罐式专用运输汽车。

（7）易燃气体罐式运输车（flammable gas tanker）

装备有控制系统和安全装置等，用于运输易燃气体的罐式专用运输汽车。

（8）毒性气体罐式运输车（poisonous gas tanker）

装备有罐体防护装置、防静电和监控装置等，用于运输毒性气体的罐式专用运输汽车。

（9）易燃液体罐式运输车（flammable liquid tanker）

装备有控制系统和安全装置等，用于运输易燃液体的罐式专用运输汽车。

（10）易燃固体罐式运输车（flammable solid matter or substance tanker）

装备有控制系统和安全装置等，用于运输易燃固体的罐式专用运输汽车。

（11）氧化性物品罐式运输车（oxid izer substance tanker）

装备有控制系统和安全装置等，用于运输氧化性物品的罐式专用运输汽车。

（12）毒性和感染性物品罐式运输车（poisonous materials and infectious substance tanker）

装备有罐体防护装置、防静电和监控装置等，用于运输毒性和感染性物品的罐式专用运输汽车。

（13）放射性物品罐式运输车（radioactive material tanker）

装备有安全装置等，用于运输放射性物品的罐式专用运输汽车。

（14）腐蚀性物品罐式运输车（corrosive material tanker）

装备有安全装置等，用于运输腐蚀性物品的罐式专用运输汽车。

（15）杂项危险物品罐式运输车（miscellaneous hazardous material tanker）

装备有安全装置，用于运输杂项危险物品的罐式专用运输汽车。

（16）加油车（refueller）

装备有消除静电、灭火、泵油系统和数控计量设备等，用于流动加油的罐式专用作业汽车。

（17）飞机加油车（plane refueller）

装备有消除静电、灭火、泵油系统和数控计量设备等，用于飞机加注油料的罐式专用作业汽车。

1.3.2　专用挂车

在设计、制造和技术特性上，专用挂车用于载运货物（需经特殊布置）或仅执行特殊物品的运输任务，或装置有专用设备或器具，用于工程专项（包含卫生医疗）作业和专门用途。专用挂车分为专用运输半挂车、专用作业半挂车、专门用途半挂车、专用运输中置轴挂车、专用作业中置轴挂车、专用运输牵引杆挂车和专用作业牵引杆挂车。

第2章 危险品运输行业分析

2.1 危险品运输行业上游产业分析

据国家统计局数据显示，2021年中国乙烯产量为 2825.7 万吨，同比增长 30.8％；烧碱产量为 3891.3 万吨，同比增长 5.9％；硫酸产量为 9382.7 万吨，同比增长 1.6％，如图 2-1 所示。

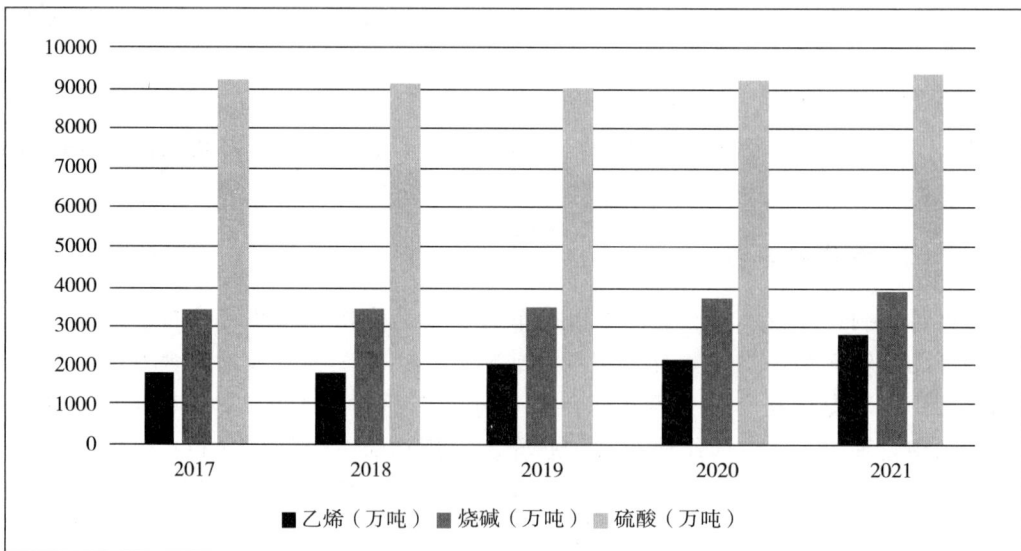

图 2-1 2017—2021年中国部分化工产品产量

2021年，油气生产加工持续增加。油气生产企业不断加大勘探开发力度，持续提高生产负荷，加强油气供应力度，全年原油产量 19888.1 万吨，比上年增长 2.11％，增速比上年提高了 0.5 个百分点，连续三年企稳回升；天然气产量 2075.8 亿立方米，比上年增长 7.83%，连续五年增产超过 100 亿立方米。虽然受疫情影响，成品油需求有所下降，原油加工企业仍充分利用"低油价"的机会，保持生产负荷，全年加工原油 70355 万吨，增长 4.32%。

2021 年，根据国内能源的供需形势，我国灵活利用国际市场，充分发挥进口的补充调节作用，积极进口能源特别是油气资源，全年能源进口保持较快增长。根据海关总署快报的数据，原油进口量为 5.1298 亿吨，比上年下降 5.4%；天然气进口量为 12136 万吨，增长 19.9%，如图 2-2 所示。

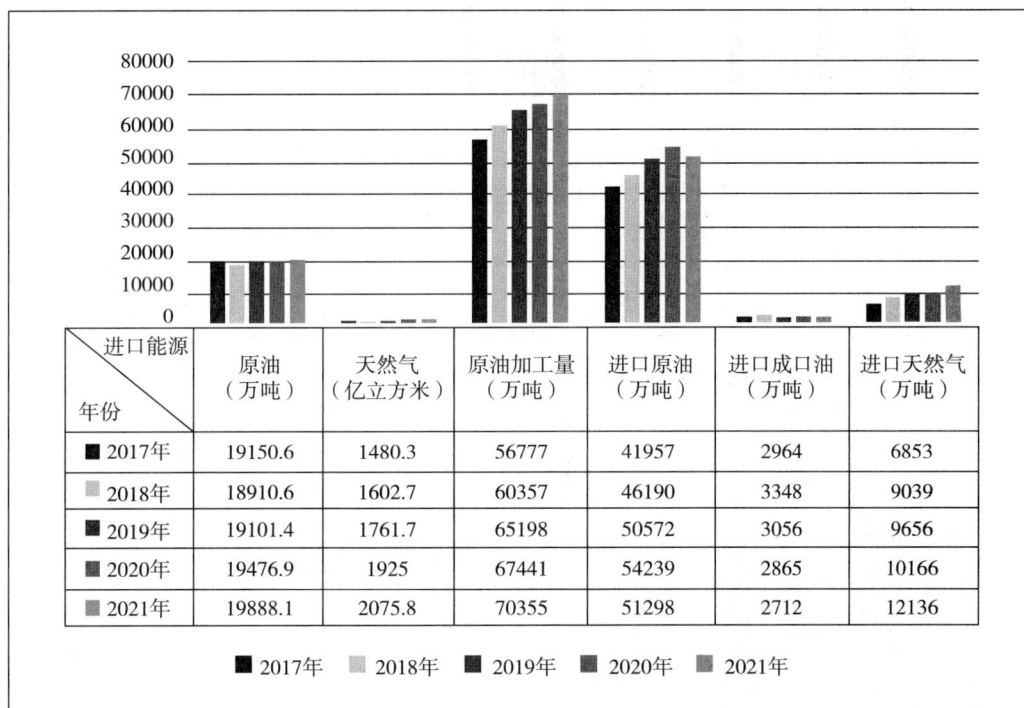

进口能源 年份	原油 （万吨）	天然气 （亿立方米）	原油加工量 （万吨）	进口原油 （万吨）	进口成口油 （万吨）	进口天然气 （万吨）
■ 2017年	19150.6	1480.3	56777	41957	2964	6853
2018年	18910.6	1602.7	60357	46190	3348	9039
■ 2019年	19101.4	1761.7	65198	50572	3056	9656
■ 2020年	19476.9	1925	67441	54239	2865	10166
2021年	19888.1	2075.8	70355	51298	2712	12136

■ 2017年　　2018年　　■ 2019年　　■ 2020年　　2021年

图 2-2　2017—2021 年部分能源的使用情况

2.2　危险品运输行业市场规模

危险品公路运输市场是我国危险品运输行业中最大的细分市场，2021 年中国危险品运输市场规模保持稳定增长，已突破 2 万亿元。

危险品运输的主要方式包括公路运输、水路运输、铁路运输。由于国内化工原料产销分布不均，选择公路运输的灵活性优势突出，公路运输占据主要地位。2016—2021 年中国危险品运输行业的市场结构、规模及增速，如图 2-3、图 2-4 所示。

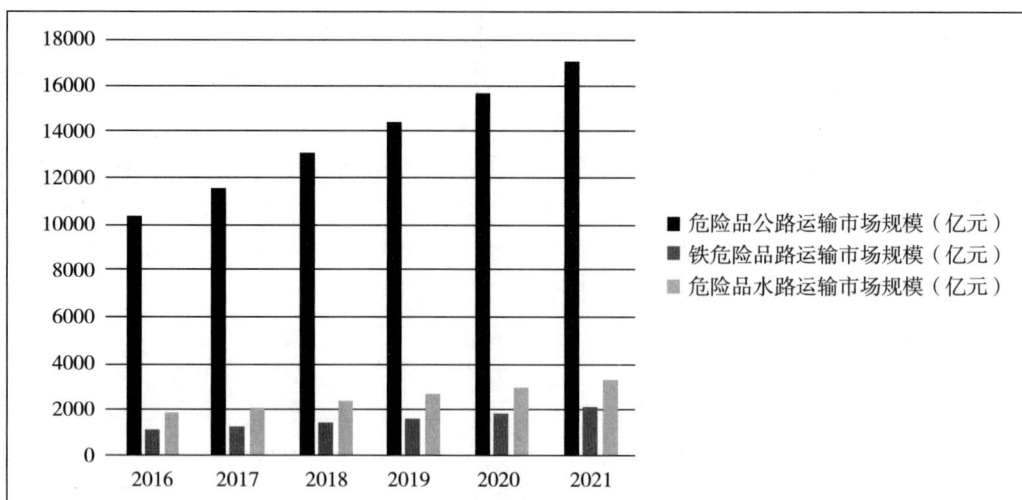

图 2-3　2016—2021 年中国危险品运输行业的市场结构

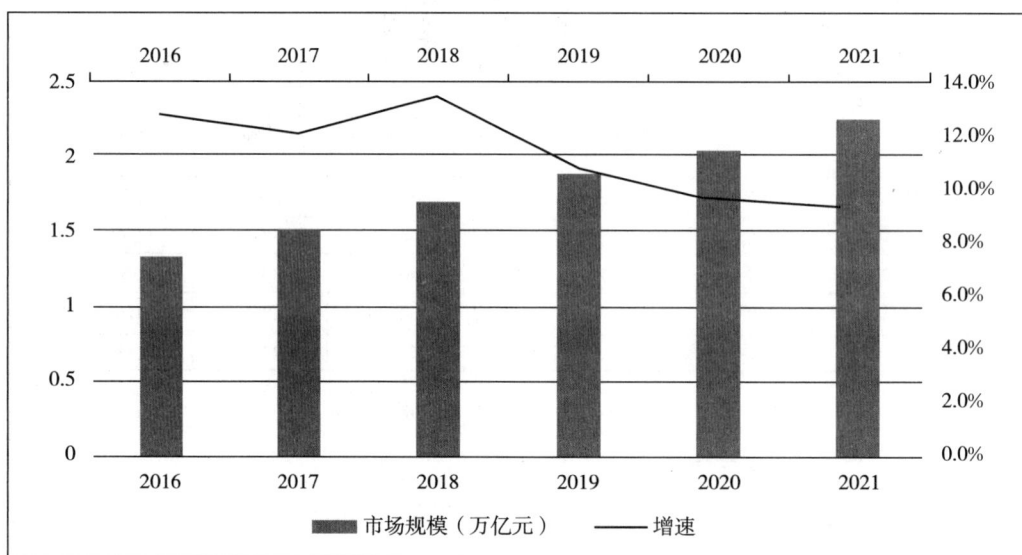

图 2-4　2016—2021 年中国危险品运输行业的市场规模及增速

2.3　市场容量分析

通过分析 2017—2021 年危险品销量数据，我们可以清晰地看到：

1. 近几年危险品的销量维持在高位；

2. 考虑疫情影响导致市场反应滞后因素外，各个月度危险品销量分布情况基本一致，保持正常快速发展，如图 2-5、图 2-6 所示。

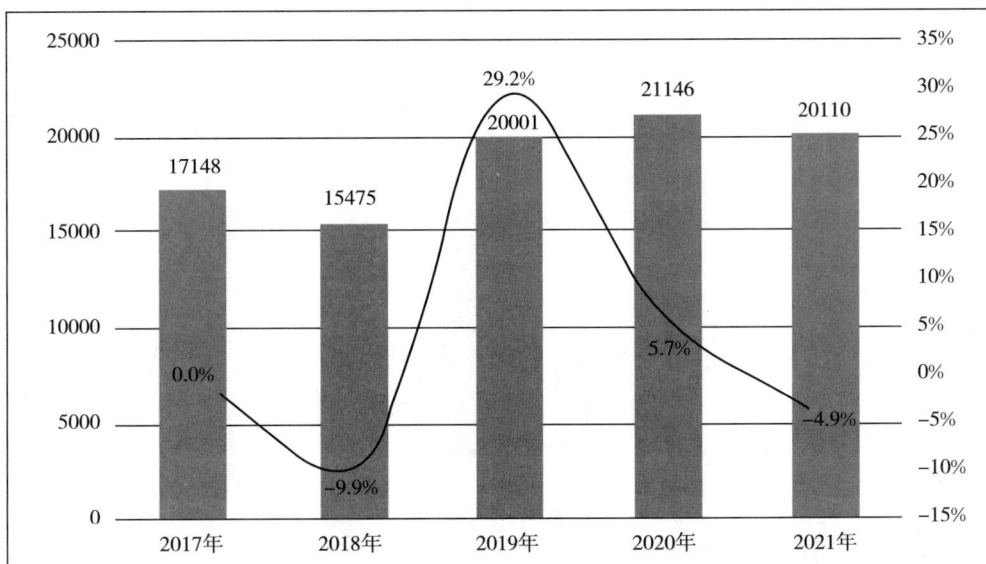

图 2-5　2017—2021 年危险品销量（万吨）

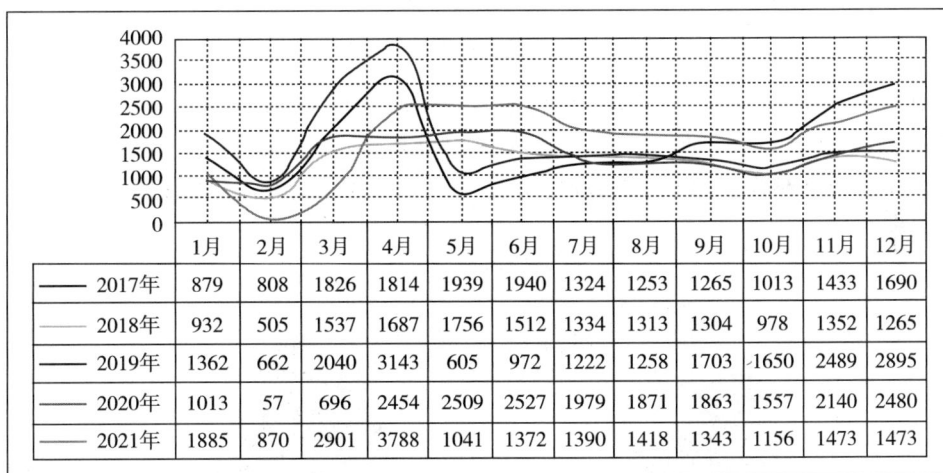

	1月	2月	3月	4月	5月	6月	7月	8月	9月	10月	11月	12月
2017年	879	808	1826	1814	1939	1940	1324	1253	1265	1013	1433	1690
2018年	932	505	1537	1687	1756	1512	1334	1313	1304	978	1352	1265
2019年	1362	662	2040	3143	605	972	1222	1258	1703	1650	2489	2895
2020年	1013	57	696	2454	2509	2527	1979	1871	1863	1557	2140	2480
2021年	1885	870	2901	3788	1041	1372	1390	1418	1343	1156	1473	1473

图 2-6　2017—2021 年各月危险品销量（万吨）

2.4　细分市场分析

2.4.1　中国专用车行业工程车市场份额

2021 年，我国专用车市场销量达到 149.1 万辆，同比下滑 9.7%。突如其来的新冠肺炎疫情、区域性"拉闸限电"、排放标准切换和蓝牌轻卡新规征求意见稿发布，都引发了我国专用车市场销量由高位大幅回落。2014—2021 年中国专用车市场销量及增速如图 2－7 所示。

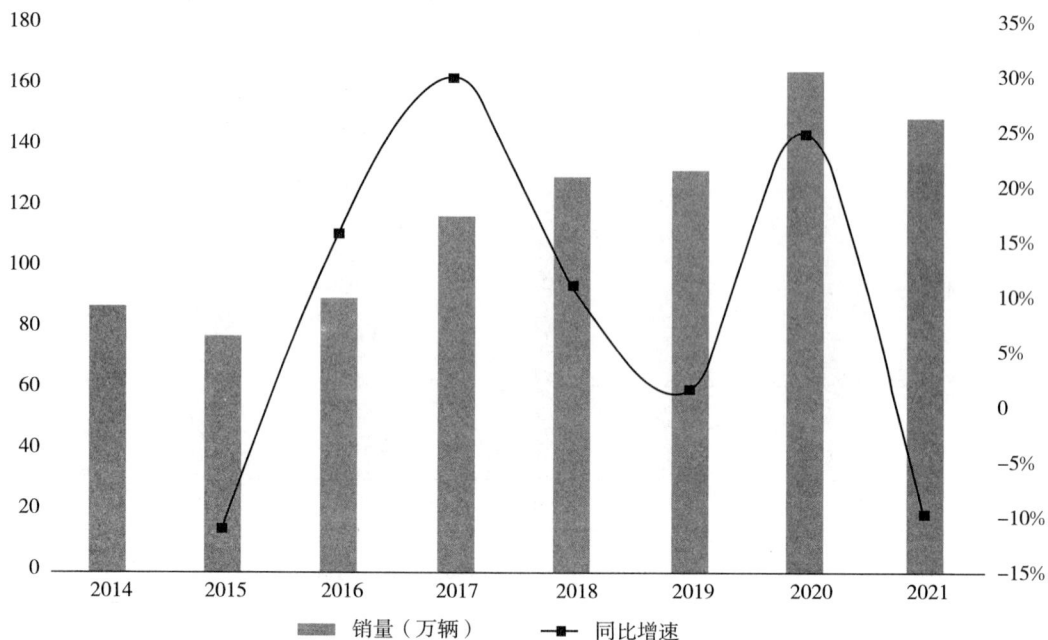

图 2－7　2014—2021 年中国专用车市场销量及增速

　　2021 年，物流车占据专用车销售市场主体，市场份额高达 74.5％，较 2020 年下滑 0.4 个百分点；工程车市场份额为 11.4％，较 2020 年提升了 0.8 个百分点；作业车市场份额为 14.1％，较 2020 年下滑了 0.4 个百分点。2021 年中国专用车市场份额如图 2－8 所示。

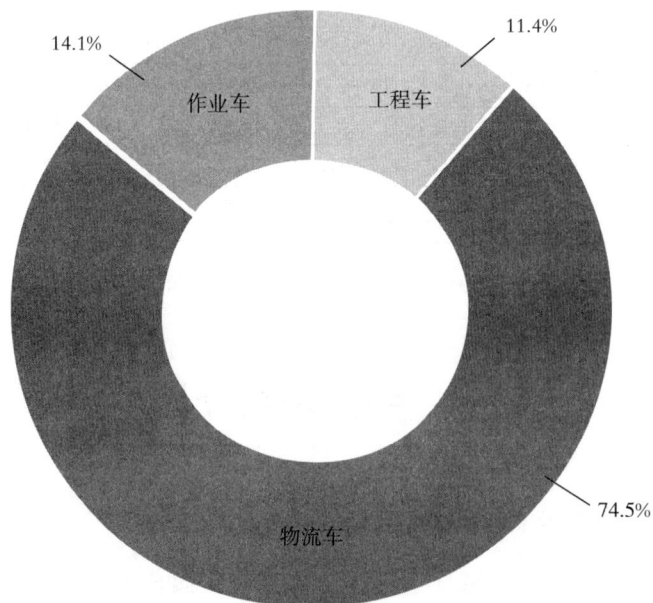

图 2－8　2021 年中国专用车市场份额

2.4.2　中国专用车行业各细分市场销量

快速增长的快递和物流业务量带动了近年来物流车采购需求增长，但 2021 年受到排放标准切换影响，国五车型在上半年集中销售；下半年受到需求前置的影响，物流车需求有所降低，销量同比大幅下滑，导致全年销量同比下降 10.1%，为 111.1 万辆，如图 2-9 所示。

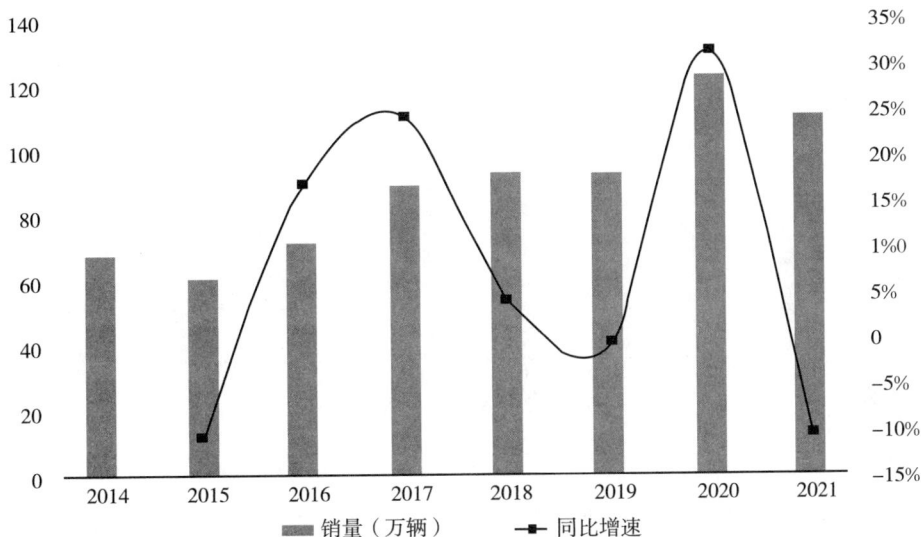

图 2-9　2014—2021 年中国物流车市场销量及增速

2021 年工程类专用车上半年销量同比大幅上升，受 2020 年同期疫情因素导致的低基数影响，2 月份最高涨幅达到 540.5%；此后销售同比下降，除 6 月份短暂上升外，8—12 月连续 5 个月跌幅超过 50%。2021 年全年，我国工程车销量共计 16.9 万辆，同比下降 4.0%，如图 2-10 所示。

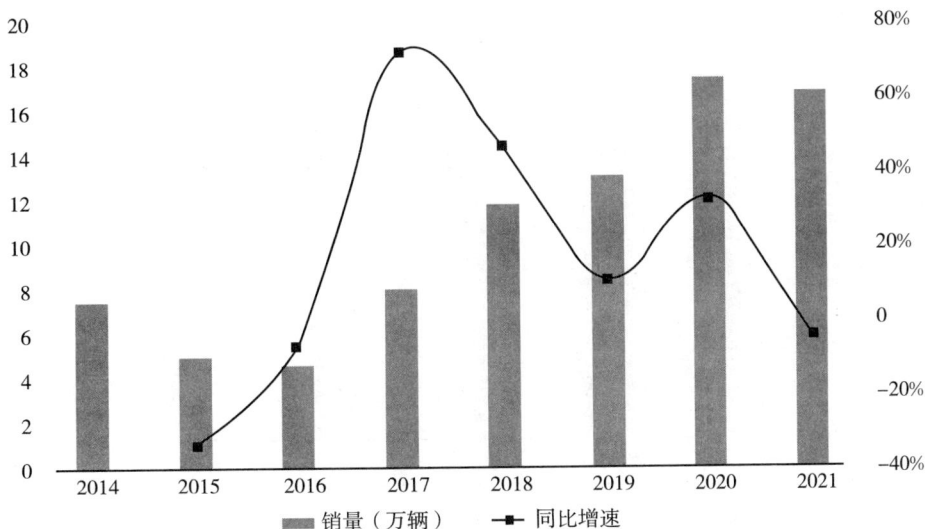

图 2-10　2014—2021 年中国工程车市场的销量及增速

作业类专用车市场主要以垃圾车、环卫车等服务车为主。2020 年，我国大力推行垃圾分类试点制度，带动了垃圾分类与环卫服务打包招标项目大幅增加。2021 年，随着国家和地方层面需求的回落，垃圾车市场逐步趋于饱和。2021 年全年，我国作业类专用车销量为 21 万辆，同比下降 12.1%，如图 2-11 所示。

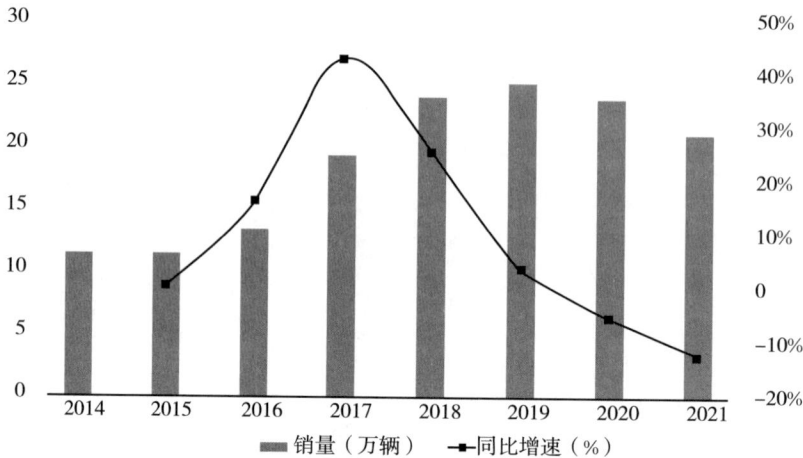

图 2-11 2014—2021 年中国作业车市场销量及增速（单位：万辆）

整体来看，近年来我国经济进入新常态，城镇化进程放缓，基础设施建设投资增速下降，导致我国专用车市场的需求出现下滑的趋势。

2.4.3 危化品罐式车的销量分析

2.4.3.1 各年度的销量情况

2021 年，危化品专用车销售 20110 辆，同比减少 4.9%，如图 2-12 所示。

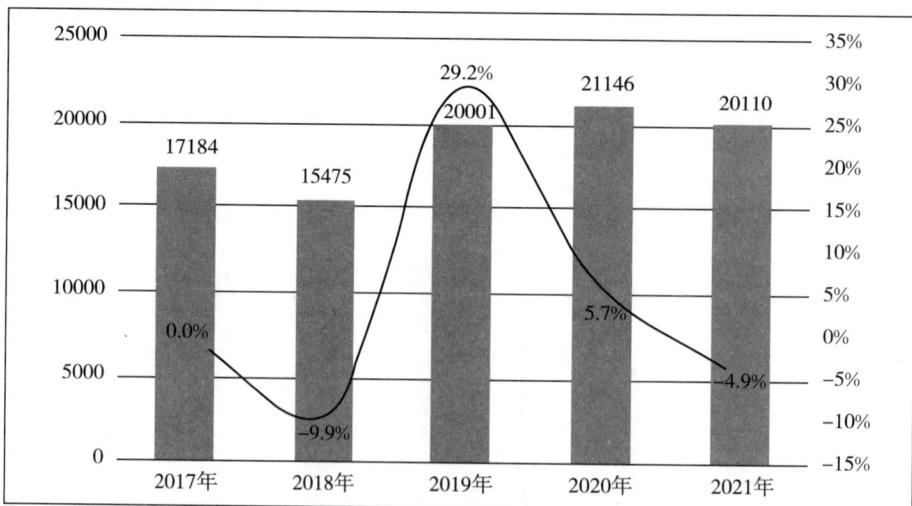

图 2-12 危化品专用车年度销量情况

2.4.3.2 危化品罐式车各车型销量情况

通过分析 2017—2021 年各车型销售数据，我们可以看出：

（1）从各年累计销量可看出，加油车、运油车、铝合金运油车的累计需求量最大。

（2）在各车型占比中，加油车、运油车、铝合金运油车属于主销车型，如图 2-13、图 2-14 所示。

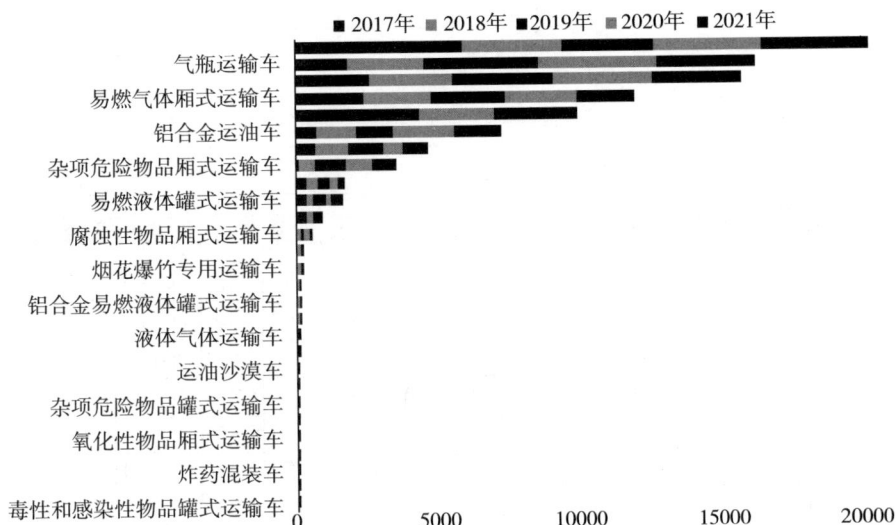

图 2-13 2017—2021 年危化品运输车各车型的销量

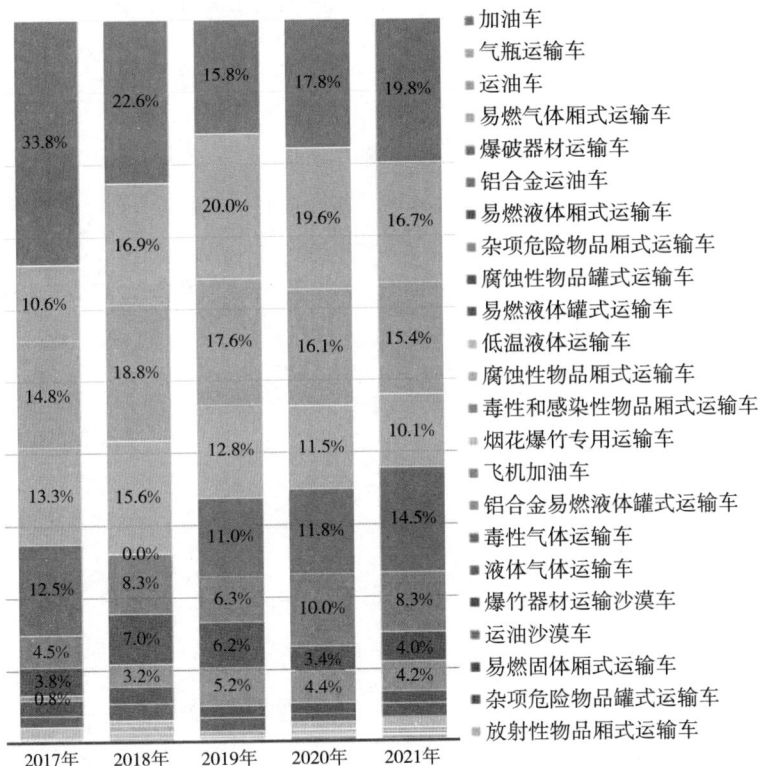

图 2-14 2017—2021 年危化品运输车各车型的销量占比

2.4.3.3 危化品罐式车

通过分析 2017—2021 年危化品罐式车销量流向数据，我们可以看出：

（1）由图 2-15 可见，近几年市场主销前五区域为浙江、广西、海南、湖北和重庆。

（2）市场整体处于稳定发展的阶段。

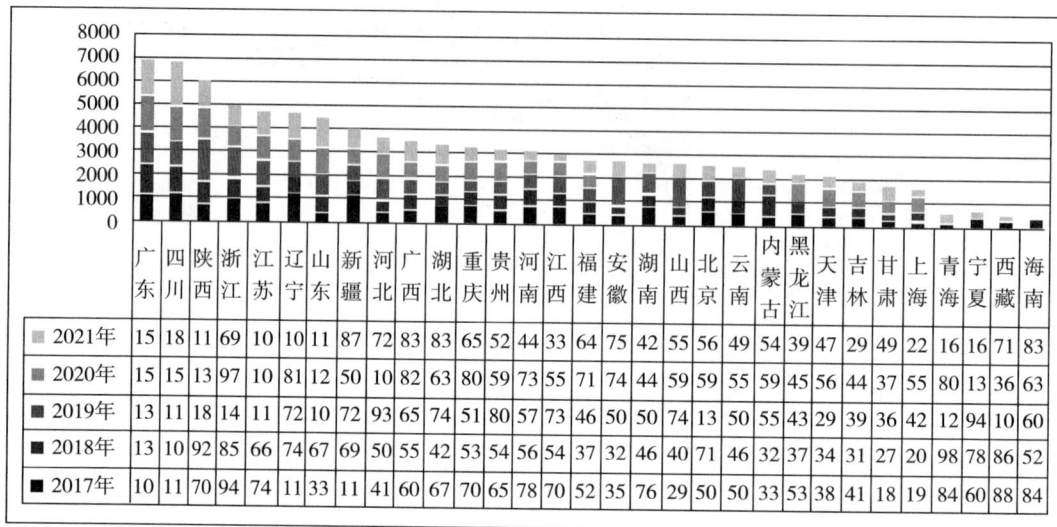

	广东	四川	陕西	浙江	江苏	辽宁	山东	新疆	河北	广西	湖北	重庆	贵州	河南	江西	福建	安徽	湖南	山西	北京	云南	内蒙古	黑龙江	天津	吉林	甘肃	上海	青海	宁夏	西藏	海南
2021年	15	18	11	69	10	10	11	87	72	83	83	65	52	44	33	64	75	42	55	56	49	54	39	47	29	49	22	16	16	71	83
2020年	15	15	13	97	10	81	12	50	10	82	63	80	59	73	55	71	74	44	59	59	55	59	45	56	44	37	55	80	13	36	63
2019年	13	11	18	14	11	72	10	72	93	65	74	51	80	57	73	46	50	50	74	13	50	55	43	29	39	36	42	12	94	10	60
2018年	13	10	92	85	66	74	67	69	50	55	42	53	54	56	54	37	32	46	40	71	46	32	37	34	31	27	20	98	78	86	52
2017年	10	11	70	94	74	11	33	11	41	60	67	70	65	78	70	52	35	76	29	50	50	33	53	38	41	18	19	84	60	88	84

图 2-15 2017—2021 年危化品罐式车的销量流向（单位：辆）

第3章

危险品运输车行业的政策和法规标准

3.1　危险品运输车行业的监管体系及机构

3.1.1　车辆生产主管部门

主管车辆生产的国家部门有工业和信息化部、生态环境部、国家市场监督管理总局三个部门。

3.1.1.1　工业和信息化部

工业和信息化部与运输车相关的职能包括汽车准入管理、汽车行业管理，与车辆生产有关的技术支持。下属机构有工业和信息化部装备工业发展中心及各地车辆产品检测机构等。

工业和信息化部装备工业发展中心，依据《汽车产业发展政策》以及《汽车产品强制性标准检验项目及依据标准》等数十项强制性国标，以及各地车辆产品检测机构提供的样品检测报告，出具车辆识别代号审查报告，以此来确定是否把企业和车型列入《道路机动车辆生产企业及产品》公告，并录入公安部的查询系统。公告是车辆上牌的前提，故以《道路机动车辆生产企业及产品》公告来规范企业资质和车型参数。

各地车辆产品检测机构，依据《汽车产品强制性标准检验项目及依据标准》和《道路车辆外廓尺寸、轴荷及质量限值》（GB 1589）等数十项强制性国标，以及工业和信息化部制定的《道路机动车辆产品检测工作监督管理规定》《关于进一步加强道路机动车辆生产企业及产品公告管理和注册登记工作的通知》等，出具样品检测报告。

3.1.1.2　生态环境部

生态环境部的职能包括新定型车辆发动机和车辆的环保型式核准及机动车的污染防治，与车辆生产有关的技术支持，下属机构有机动车环保检验机构等。

机动车环保检验机构，依据《大气污染防治法》《机动车环保检验机构管理规定》

《机动车环保检验合格标志管理规定》等，出具机动车环保检验合格标志。

3.1.1.3 国家市场监督管理总局

国家市场监督管理总局的职能包括产品质量安全监督工作，与车辆生产有关的技术支持，下属机构有国家市场监督管理总局缺陷产品管理中心、中国质量认证中心、机动车安全技术检验机构等。

如果汽车产品存在缺陷，国家市场监督管理总局缺陷产品管理中心应依据《缺陷汽车产品召回管理条例》执行企业备案召回计划。

中国质量认证中心，依据《产品质量法》《认证认可条例》《强制性产品认证管理规定》，以及机动车安全技术检验机构提供的公正检验数据，出具3C认证证书。

机动车安全技术检验机构，依据《机动车运行安全技术条件》（GB 7258）、《机动车安全技术检验项目和方法》（GB 21861）、《机动车安全技术检验机构监督管理办法》等，出具公正的检验数据。

3.1.2 车辆销售与报废主管部门

商务部等主管车辆销售。

商务部的职能包括对汽车流通行业进行监督管理，指导报废汽车管理工作，其与汽车销售有关的法规有《汽车销售管理办法》。

在车辆达到报废条件后，商务部依据四部委《机动车强制报废标准规定》《报废汽车回收管理办法》及细则，出具报废机动车回收证明。

3.1.3 车辆注册登记主管部门

公安部主管车辆注册登记。

其职能包括机动车辆安全检验、牌证发放和驾驶员考核发证及维护交通秩序，查处违法行为，与车辆注册登记有关的技术支持，下属机构有公安部交通管理局及各地车辆管理所。

各地车辆管理所应依据《道路交通安全法》及实施条例、《机动车登记规定》、《机动车查验工作规程》，出具机动车行驶证、机动车辆登记证书、车辆号牌等。

3.1.4 车辆营运主管部门

交通运输部、公安部主管车辆营运。

3.1.4.1 交通运输部

交通运输部的职能包括负责营运车辆管理和道路运输市场监管，与车辆营运有关的技术支持，下属机构有交通运输部公路科学研究院及各地车辆产品检测机构。

交通运输部公路科学研究院，依据法律规章《道路运输条例》《道路货物运输及站场管理规定》《道路运输车辆燃料消耗量检测和监督管理办法》等，以及《道路运输液体危险货物罐式车辆　第1部分：金属常压罐体技术要求》（GB 18564.1—2019）等标准，以及各地车辆产品检测机构提供的样品检测报告，确定是否会将企业和车型列入《道路运输车辆达标车型表》批次公示目录。如若列入且公示通过，交通运输部公路科学研究院把企业和车型录入公安部查询系统。达标车型公告是车辆办理营运证的前提，故以《道路运输车辆达标车型》公告目录来规范企业资质和车型参数。

各地车辆产品检测机构，依据法律规章《道路运输条例》《道路货物运输及站场管理规定》《道路运输车辆燃料消耗量检测和监督管理办法》等，以及《道路运输液体危险货物罐式车辆　第 1 部分：金属常压罐体技术要求》（GB 18564.1—2019）等标准，出具样品检测报告。

3.1.4.2　公安部

公安部的职能包括机动车辆安全检验、牌证发放和驾驶员考核发证，维护交通秩序，查处违法行为以及营运有关的技术支持，下属机构有道路运输管理局及各地公路运输管理处。公路运输管理处，依据《道路交通安全法》及实施条例、《机动车登记规定》《机动车查验工作规程》《道路运输条例》《道路货物运输及站场管理规定》等出具车辆营运证书。

3.2　危险品运输车政策环境

2022 年 3 月 29 日，国务院发布《中华人民共和国道路运输条例（2022 年修订版）》（国务院令第 752 号）；

2022 年 6 月 1 日，交通运输部办公厅发布《交通运输部办公厅关于进一步做好道路运输安全生产专项整治巩固提升阶段有关工作的通知》（交办运函〔2022〕824 号）；

2022 年 4 月 8 日，交通运输部办公厅发布《交通运输部办公厅关于强化道路货物运输重点领域安全管理工作的通知》；

2021 年 7 月 5 日，工业和信息化部装备工业发展中心发布《关于暂停部分常压液体危险货物罐车生产的通知》（装备中心〔2021〕421 号）；

2021 年 5 月 17 日，工业和信息化部装备工业发展中心发布《关于 GB 30510—2018 等四项标准整改确认的通知》（装备中心〔2021〕293 号）；

2021 年 5 月 12 日，工业和信息化部装备工业发展中心发布《关于规范常压液体危险货物罐车产品申报工作的通知》（装备中心〔2021〕292 号）；

2021 年 4 月 8 日，交通运输部、工业和信息化部、公安部、市场监管总局等四部门联合印发《常压液体危险货物罐车治理工作方案》（交运发〔2021〕35 号）；

2020 年 7 月 8 日，工业和信息化部装备工业发展中心，组织召开关于进一步规范罐式危险品运输车辆《公告》申报工作视频会议；

2019 年 11 月 10 日，中华人民共和国交通运输部、中华人民共和国工业和信息化部、中华人民共和国公安部、中华人民共和国生态环境部、中华人民共和国应急管理部、国家市场监管总局联合印发《危险货物道路运输安全管理办法》（2019 年第 29 与）；

2011 年 3 月 2 日，国务院发布《危险化学品安全管理条例》（国务院令第 591 号）。

近年来，交通运输部、工业和信息化部等主管部门频繁新发、修订危险品运输车管理制度，提升、细化车辆设计、制造、运营全方面要求，监管力度进一步加大。

3.3　危险品运输车管理标准

目前，危险品运输车管理依据标准包括国家强制性标准（GB）、国家推荐性标准（GB/T）、交通运输部标准（JT/T）、汽车行业标准（QC/T），详见附录：

GB 7258—2017 机动车运行安全技术条件

GB 1589—2016 汽车、挂车及汽车列车外廓尺寸、轴荷及质量限值

GB 16735—2019 道路车辆　车辆识别代号（VIN）

GB 16737—2019 道路车辆　世界制造厂识别代号（WMI）

GB 18564.1—2019 道路运输液体危险货物罐式车辆　第 1 部分：金属常压罐体技术要求

GB 20300—2018 道路运输爆炸品和剧毒化学品车辆安全技术条件

GB 21668—2008 危险货物运输车辆结构要求

GB 28373—2012 N 类和 O 类罐式车辆侧倾稳定性

GB 36220—2018 运油车辆和加油车辆安全技术条件

GB 7258—2017 机动车运行安全技术条件

GB 17691—2018 重型柴油车污染物排放限值及测量方法（中国第六阶段）

GB 3847—2018 柴油车污染物排放限值及测量方法（自由加速法及加载减速法）

GB 30510—2018 重型商用车辆燃料消耗量限值

GB 1495—2002 汽车加速行驶车外噪声限值及测量方法

GB 24545—2019 车辆车速限制系统技术要求及试验方法

GB 34659—2017 汽车和挂车防飞溅系统性能要求和测量方法

GB 11567—2017 汽车及挂车侧面和后下部防护要求

GB 15084—2013 机动车辆　间接视野装置性能和安装要求

GB 23254—2009 货车及挂车　车身反光标识

GB 4785—2019 汽车及挂车外部照明和光信号装置的安装规定

GB 13392—2005 道路运输危险货物车辆标志

GB 15741—1995 汽车和挂车号牌板（架）及其位置

GB 12676—2014 商用车辆和挂车制动系统技术要求及试验方法

GB 17675—2021 汽车转向系　基本要求

GB 26511—2011 商用车前下部防护要求

GB 26512—2021 商用车驾驶室乘员保护

GB 6944—2012 危险货物分类和品名编号

GB 12268—2012 危险货物品名表

GB/T 14172—2021 汽车、挂车及汽车列车静侧倾稳定性台架试验方法

GB/T 38796—2020 汽车爆胎应急安全装置性能要求和试验方法

GB/T 15089—2001 机动车辆及挂车分类

GB/T 17350—2009 专用汽车和专用挂车术语、代号和编制方法

GB/T 3730.1—2001 汽车和挂车类型的术语和定义

JT/T 1178.1—2018 营运货车安全技术条件　第 1 部分：载货汽车

JT/T 1178.2—2019 营运货车安全技术条件　第 2 部分：牵引车辆与挂车

JT/T 1285—2020 危险货物道路运输营运车辆安全技术条件

JT/T 782—2020 营运车辆爆胎应急安全装置技术要求和试验方法

JT/T 617.1—2018 危险货物道路运输规则　第 1 部分：通则

JT/T 617.2—2018 危险货物道路运输规则　第 2 部分：分类

JT/T 617.3—2018 危险货物道路运输规则　第 3 部分：品名及运输要求索引

JT/T 617.4—2018 危险货物道路运输规则　第 4 部分：运输包装使用要求

JT/T 617.5—2018 危险货物道路运输规则　第 5 部分：托运要求

JT/T 617.6—2018 危险货物道路运输规则　第 6 部分：装卸条件及作业要求

JT/T 617.7—2018 危险货物道路运输规则　第 7 部分：运输条件及作业要求

QC/T 739—2005 油田专用车辆通用技术条件

QC/T 1061—2017 道路运输轻质燃油罐式车辆　防溢流系统

QC/T 1063—2017 道路运输轻质燃油罐式车辆　油气回收组件

QC/T 1065—2017 道路运输易燃液体危险货物罐式车辆　人孔盖

QC/T 932—2018 道路运输液体危险货物罐式车辆紧急切断阀

QC/T 1064—2017 道路运输易燃液体危险货物罐式车辆　呼吸阀

QC/T 993—2015 爆炸物品运输车

QC/T 1100—2019 液态沥青运输车

第4章 危险品罐式车产品认证

4.1 汽车产品准入制度

由于历史原因，我国汽车产品准入存在两套管理制度，一套是由原国家发展和改革委员会、现工业和信息化部实施的"公告"制度，一套是由原质量监督检验检疫总局（国家认监委）、现国家市场监督管理总局实施的强制性产品认证（CCC认证）制度。

与其他行业监管一样，汽车产品监管在我国也是多部委联合管理，除了上述工业和信息化部及国家市场监督管理总局之外，交通运输部、生态环境部、公安部、商务部、国家发展和改革委员会、国务院国家资产监督管理委员会、海关总署等部门都在不同方面对我国汽车产业的发展行使相应的管理职责。就汽车产品市场准入来说，除了"公告"和CCC认证，还有交通运输部的"营运车辆安全达标"（只针对营运车辆）考核要求和生态环境部门的环保信息公开制度。

4.1.1 危险品罐式车的公告认证

（1）汽车的公告制度

2004年，国家发展和改革委员会发布的《汽车产业发展政策》明确规定："依据本政策和国家认证认可条例建立统一的道路机动车辆生产企业和产品的准入管理制度。"同年，国务院发布《国务院对确需保留的行政审批项目设定行政许可的决定》（国务院令第412号），明确由国家发展和改革委员会、质量监督检验检疫总局共同实施公告制度（但实际操作中，国家发展和改革委员会并没有与质量监督检验检疫总局联合实施"公告"）。2009年，国家发展和改革委员会负责的汽车公告制度相应职能划转至工业和信息化部。

（2）罐式危险品车辆的公告检验项目和检验依据

罐式危险品车辆检测项目和检验依据明细表，见表4-1所列。

表4-1 罐式危险品车辆检验项目和检验依据明细表

项目代号	检验项目	检验依据
05	重型汽车排气污染物（台架）	GB 17691—2018 重型柴油车污染物排放限值及测量方法（中国第六阶段）
08	前照灯配光性能	GB 4599—2007 汽车用灯丝灯泡前照灯

（续表）

项目代号	检验项目	检验依据
09	前雾灯配光性能	GB 4660—2016 机动车用前雾灯配光性能
10	后雾灯配光性能	GB 11554—2008 机动车和挂车用后雾灯配光性能
11	前位灯配光性能	GB 5920—2019 汽车及挂车前位灯、后位灯、示廓灯和制动灯配光性能
12	后位灯配光性能	GB 5920—2019 汽车及挂车前位灯、后位灯、示廓灯和制动灯配光性能
13	前示廓灯配光性能	GB 5920—2019 汽车及挂车前位灯、后位灯、示廓灯和制动灯配光性能
14	后示廓灯配光性能	GB 5920—2019 汽车及挂车前位灯、后位灯、示廓灯和制动灯配光性能
15	制动灯配光性能	GB 5920—2019 汽车及挂车前位灯、后位灯、示廓灯和制动灯配光性能
17	制动灯/后位灯配光性能	GB 5920—2019 汽车及挂车前位灯、后位灯、示廓灯和制动灯配光性能
18	汽车倒车灯配光性能	GB 15235—2007 汽车及挂车倒车灯配光性能
19	前转向信号灯配光性能	GB 17509—2008 汽车及挂车转向信号灯配光性能
20	后转向信号灯配光性能	GB 17509—2008 汽车及挂车转向信号灯配光性能
21	侧转向信号灯配光性能	GB 17509—2008 汽车及挂车转向信号灯配光性能
23	侧回复反射器	GB 11564—2008 机动车回复反射器
24	后回复反射器	GB 11564—2008 机动车回复反射器
26	汽车及挂车外部照明和光信号装置安装规定	GB 4785—2019 汽车及挂车外部照明和光信号装置的安装规定
27	前照灯光束照射位置及发光强度	GB 7258—2017 机动车运行安全技术条件
29	汽车和挂车后下部防护装置	GB 11567—2017 汽车及挂车侧面和后下部防护要求
30	汽车和挂车侧面防护装置	GB 11567—2017 汽车及挂车侧面和后下部防护要求
33	视镜性能	GB 15084—2013 机动车辆　间接视野装置性能和安装要求
34	视镜安装要求	GB 15084—2013 机动车辆　间接视野装置性能和安装要求
38	车速表	GB 15082—2008 汽车用车速表
39	操纵件、指示器及信号装置的标志	GB 4094—2016 汽车操纵件、指示器及信号装置的标志

项目代号	检验项目	检验依据
40	机动车喇叭性能	GB 15742—2019 机动车用喇叭的性能要求及试验方法
41	机动车喇叭装车性能	GB 15742—2019 机动车用喇叭的性能要求及试验方法
42	商用车驾驶室外部凸出物	GB 20182—2006 商用车驾驶室外部凸出物
44	汽车座椅头枕	GB 11550—2009 汽车座椅头枕强度要求和试验方法
47	汽车制动系统	GB 12676—2014 商用车辆和挂车制动系统技术要求及试验方法
48	汽车转向系基本要求	GB 17675—2021 汽车转向系基本要求
49	汽车材料的燃烧特性	GB 8410—2006 汽车内饰材料的燃烧特性
50	道路车辆电磁兼容性	GB 34660—2017 道路车辆　电磁兼容性要求和试验方法
51	加速行驶车外噪声	GB 1495—2002 汽车加速行驶车外噪声限值及测量方法
53	汽车外廓尺寸	GB 1589—2016 汽车、挂车及汽车列车外廓尺寸、轴荷及质量限值
54	安全带总成性能	GB 14166—2013 机动车乘员用安全带、约束系统、儿童约束系统 ISOFIX 儿童约束系统
54	汽车安全带、儿童约束系统在车辆上安装的要求	GB 14166—2013 机动车乘员用安全带、约束系统、儿童约束系统 ISOFIX 儿童约束系统
55	驾驶员安全带固定点	GB 14167—2013 汽车安全带安装固定点、ISOFIX 固定点系统及上拉带固定点
55	前排乘员安全带固定点	GB 14167—2013 汽车安全带安装固定点、ISOFIX 固定点系统及上拉带固定点
56	汽车号牌板（架）及其位置	GB 15741—1995 汽车和挂车号牌板（架）及其位置
58	侧翻稳定角	GB 7258—2017 机动车运行安全技术条件，GB 28373—2012N 类和 O 类罐式车辆侧倾稳定性
59	燃油系统及排气管	GB 7258—2017 机动车运行安全技术条件
60	危险货物标记	GB 13392—2005 道路运输危险货物车辆标志
60	汽车标记及部件标记	GB 7258—2017 机动车运行安全技术条件，GB 30509—2014 车辆及部件识别标记
64	侧标志灯配光性能	GB 18099—2013 机动车及挂车侧标志灯配光性能
65	三角警告牌	GB 19151—2003 机动车用三角警告牌
66	汽车燃油箱安全性能	GB 18296—2019 汽车燃油箱及其安装的安全性能要求和试验方法

（续表）

项目代号	检验项目	检验依据
68	保护车载接收机的无线电骚扰特性（刮水电机）	GB 18655—2018 车辆、船和内燃机　无线电骚扰特性 用于保护车载接收机的限值和测量方法
69	保护车载接收机的无线电骚扰特性（闪光继电器）	GB 18655—2002 用于保护车载接收机的无线电骚扰特性的限值和测量方法
70	保护车载接收机的无线电骚扰特性（暖风电机）	GB 18655—2002 用于保护车载接收机的无线电骚扰特性的限值和测量方法
77	重型汽车污染控制装置耐久性	GB 17691—2018 重型柴油车污染物排放限值及测量方法（中国第六阶段）
79	重型汽车车载诊断（OBD）系统	GB 17691—2018 重型柴油车污染物排放限值及测量方法（中国第六阶段）
81	防抱死系统的电磁兼容性	GB/T 13594—2003 机动车和挂车防抱制动性能和试验方法
81	汽车防抱制动性能	GB/T 13594—2003 机动车和挂车防抱制动性能和试验方法
82	危险货物运输车辆	GB 21668—2008 危险货物运输车辆结构要求
82	危险货物罐式车辆紧急切断阀	QC/T 932—2018 道路运输液体危险货物罐式车辆紧急切断阀
84	制动软管	GB 16897—2010 制动软管的结构、性能要求及试验方法
85	载重汽车轮胎	GB 9744—2015 载重汽车轮胎
91	汽车及挂车后牌照板照明装置配光性能	GB 18408—2015 汽车及挂车后牌照板照明装置配光性能
94	车身反光标识	GB 23254—2009 货车及挂车　车身反光标识
95	车身反光标识安装和粘贴要求	GB 7258—2017 机动车运行安全技术条件，GB 23254—2009 货车及挂车 车身反光标识
96	发动机净功率	GB/T 17692—1999 汽车用发动机净功率测试方法
97	车辆尾部标志板	GB 25990—2010 车辆尾部标志板
99	机动车安全运行强制性项目 D	GB 7258—2017 机动车运行安全技术条件
A2	商用车驾驶室乘员保护	GB 26512—2021 商用车驾驶室乘员保护
A3	商用车前下部防护要求	GB 26511—2011 商用车前下部防护要求
A4	车辆尾部标识板安装规定	GB 25990—2010 车辆尾部标志板
A5	车速限制系统	GB 24545—2019 车辆车速限制系统技术要求及试验方法

（续表）

项目代号	检验项目	检验依据
B4	重型汽车整车车载法（PEMS）试验	GB 17691—2018 重型柴油车污染物排放限值及测量方法（中国第六阶段）
B7	防飞溅系统的车辆安装要求	GB 34659—2017 汽车和挂车防飞溅系统性能要求和测量方法
B7	防飞溅装置的技术要求	GB 34659—2017 汽车和挂车防飞溅系统性能要求和测量方法
G1	不停车收费系统车载电子单元	GB/T 38444—2019 不停车收费系统　车载电子单元

4.1.2 危险品罐式车的强制性产品认证（CCC）

（1）汽车的强制性产品认证制度

中国汽车强制性产品认证制度（CCC 认证，英文名称 China Compulsory Certification，英文缩写 CCC）（CCC 认证标识，如图 4-1 所示），于 2001 年 12 月 3 日对外发布。从 2002 年 5 月 1 日起，国家认证认可监督管理委员会开始受理第一批列入强制性产品目录的 19 大类 132 种产品的认证申请，经过不断归并和优化调整，目前列入强制性产品目录管理的共计 17 大类 103 种产品。

当前用于指导汽车产品强制性认证的管理制度，包括《强制性产品认证管理规定》、《强制性产品认证标志管理办法》以及通用实施规则《强制性产品认证实施规则　生产企业分类管理、认证模式选择与确定》、《强制性产品认证实施规则　生产企业检测资源及其他认证结果的利用》、《强制性产品认证实施规则　工厂检查通用要求》、《强制性产品认证实施规则（汽车）》（CNCA-C11-01：2020）、《强制性产品认证实施细则（汽车）》（CQC-C1101—2020）。

图 4-1　3C 认证标识

（2）罐式危险品车辆的强制性认证检验项目和检验依据

目前车辆认证执行检验项目包括整车、部件共计 144 项，多数与汽车公告检验项目一致，适用于罐式危险品车辆的强制性认证专项检验项目和检验依据如下：

强制性认证形式试验第 01～24 项，名称为：运油车辆和加油车辆安全技术条件。检验依据《运油车辆和加油车辆安全技术条件》（GB 36220—2018）；

强制性认证形式试验第 06～04 项，名称为：罐体及管路。检验依据《强制性产品认证实施规则（汽车）》（CNCA-C11-01：2020）、《道路运输液体危险货物罐式车辆　第 1 部分：金属常压罐体技术要求》（GB 18564.1—2019）、《道路运输液体危险货物罐式车辆紧急切断装置》（QC/T 932—2018）。

4.1.3 危险品罐式车的营运车辆安全达标认证

（1）汽车的安全达标制度

近年来，全国道路运输安全生产形势总体呈现稳中趋好的态势，但重特大道路运输事故依然时有发生，给人民群众生命财产造成重大损失，产生了恶劣的社会影响。特别是近几年货车肇事的事故比例明显上升，2017 年发生的较大以上道路运输事故中，货车肇事事故次数和死亡人数分别占总数的 70% 和 64%，同比上升 14% 和 10%。货车整体安全性能不高，已经成为制约当前道路运输安全发展的重要因素。

为进一步加强营运货车安全技术管理，有效遏制因车辆安全性能不足导致的运输安全事故，交通运输部先后制定和发布了交通运输行业标准《营运货车安全技术条件　第 1 部分：载货汽车》（JT/T 1178.1—2018，以下统称 JT/T 1178.1 标准），2018 年 5 月 1 日起正式实施；《营运货车安全技术条件　第 2 部分：牵引车与挂车》（JT/T 1178.2—2019，以下统称 JT/T 1178.1 标准），2019 年 7 月 1 日起正式实施。对营运载货汽车安全性能和结构配置提出了基本的技术要求，并明确了相应检测方法。

（2）达标车型申报发布程序和核查管理流程

营运货车安全达标车型由货车生产企业自愿申报，可与燃料消耗量达标车型同时申报。申报营运货车安全达标的国产货车车型应列入《道路机动车辆生产企业及产品公告》，相关进口车型应通过国家强制性产品认证（CCC 认证）并取得"车辆一致性证书"。技术支持单位要对货车生产企业提交的申报资料按规定程序和要求进行审查。审查未通过的，要向货车生产企业说明情况；审查符合要求的，定期汇总后报交通运输部公示。

对经公示后无异议的车型，以及公示期内有异议、按相关规定核实确认符合标准的车型，交通运输部按批次向社会公布。对公示后有异议且经查实不符合标准的车型，不予发布，并且告知车辆生产企业。原则上发布周期为两个月。

已经公告的营运货车安全达标车型发生扩展、变更时，对满足同一型式判定要求的，由货车生产企业向技术支持单位提交扩展与变更申请，经资料核实确认满足要求后予以变更调整。对不满足同一型式判定要求的，由货车生产企业向技术支持单位提交相应扩展与变更的检测报告，经审查符合要求的予以变更调整。

交通运输部对公告的营运货车安全达标车型实施动态管理。因弄虚作假取得营运货车安全达标车型的，将从公告目录中撤销相应车型，并向社会公布。各级交通运输管理部门要严格营运货车的安全技术管理，核查符合要求的车辆方可办理营运手续。

（3）罐式危险品车辆的安全达标检验项目和检验依据

罐式危险品运输车的安全达标检验项目和检验依据见表 4-2，挂车的安全达标检验项目和检验依据见表 4-3 所列。

表 4-2　罐式危险品运输车的安全达标检验项目和检验依据

项目代号	检验项目	检验依据	
1	道路运输车辆达标车型配置核查（货车）	JT/T 1178.1—2018	营运货车安全技术条件　第 1 部分：载货汽车
		JT/T 719—2016	营运货车燃料消耗量限值及测量方法
2	电子稳定性控制系统性能（货车）	JT/T 1094—2016	营运客车安全技术条件

（续表）

项目代号	检验项目	检验依据	
3	车道偏离预警系统性能（货车）	JT/T 883—2014	营运车辆行驶危险预警系统技术要求和试验方法
4	车辆前向碰撞预警系统性能（货车）	GB/T 33577—2017	智能运输系统　车辆前向碰撞预警系统性能要求和测试规程
5	转向力和操纵稳定性（货车）	GB/T 6323—2014	汽车操纵稳定性试验方法
		QC/T 480—1999	汽车操作稳定性指标限值与评价方法
		JT/T 884—2014	营运车辆抗侧翻稳定性试验方法稳态圆周试验
11	爆胎应急安全装置技术要求（货车）	JT/T 1178.1—2018	营运货车安全技术条件　第1部分：载货汽车
12	弯道制动稳定性（货车）	JT/T 1178.1—2018	营运货车安全技术条件　第1部分：载货汽车
19	电子稳定性控制系统电磁兼容性	GB/T 18655—2018	车辆、船和内燃机无线电骚扰特性用于保护车载接收机的限值和测量方法
		GB/T 17619—1998	机动车电子电器组件的电磁辐射抗扰性限值和测量方法
21	压力测试连接器	GB/T 5922—2008	汽车和挂车　气压制动装置压力测试连接器技术要求
22	制动衬片性能	GB 22309—2008	道路车辆　制动衬片　盘式制动块总成和鼓式制动蹄总成剪切强度试验方法
		GB 22311—2008	道路车辆　制动衬片　压缩应变试验方法
		JT/T 1178.1—2018	营运货车安全技术条件　第1部分：载货汽车
24	汽车导静电橡胶拖地带	JT/T 230—2021	汽车导静电橡胶拖地带
25	侧倾稳定性（货车）	GB/T 14172—2021	汽车、挂车及汽车列车静侧倾稳定性台架试验方法
		GB 28373—2012	N类和O类罐式车辆侧倾稳定性
		JT/T 1178.1—2018	营运货车安全技术条件　第1部分：载货汽车
26	转弯通道最大宽度（牵引车辆）	JT/T 1178.1—2018	营运货车安全技术条件　第1部分：载货汽车
		JT/T 1178.2—2019	营运货车安全技术条件　第2部分：牵引车辆与挂车

（续表）

项目代号	检验项目	检验依据	
27	驾驶室乘员保护（货车）	JT/T 1178.1—2018	营运货车安全技术条件　第 1 部分：载货汽车
29	后下部防护装置（货车）	GB 11567—2017	汽车及挂车侧面和后下部防护要求
30	侧下部防护装置（货车）	GB 11567—2017	汽车及挂车侧面和后下部防护要求
38	汽车制动性能（货车）	GB 12676—2014	商用车辆和挂车制动系统技术要求及试验方法
42	燃料系统的安全防护（货车）	GB 7258—2017	机动车运行安全技术条件
43	汽车防抱制动性能（货车）	GB/T 13594—2003	机动车和挂车防抱制动性能和试验方法
45	前下部防护装置（货车）	GB 26511—2011	商用车前下部防护要求
46	车辆车速限制系统技术要求（客车）	GB 24545—2019	车辆车速限制系统技术要求及试验方法
47	燃气汽车专用装置安装要求－Ⅱ（货车）	GB 19239—2013	燃气汽车专用装置的安装要求
51	营运车辆燃料消耗量－Ⅰ（货车）	JT/T 719—2016	营运货车燃料消耗量限值及测量方法
53	汽车防抱制动装置电磁兼容性	GB/T 18655—2018	车辆、船和内燃机　无线电骚扰特性用于保护车载接收机的限值和测量方法
		GB/T 17619—1998	机动车电子电器组件的电磁辐射抗扰性限值和测量方法
55	后部防护装置	JT/T 1285—2020	危险货物道路运输营运车辆安全技术条件
66	卫星定位终端	GB 19056—2012	汽车行驶记录仪
		JT/T 794—2019	道路运输车辆卫星定位系统车载终端技术要求
		JT/T 808—2019	道路运输车辆卫星定位系统终端通信协议及数据格式
68	胎压监测系统性能	JT/T 1178.2—2019	营运货车安全技术条件　第 2 部分：牵引车辆与挂车

（续表）

项目代号	检验项目	检验依据	
86	胎压监测系统电磁兼容性	GB/T 18655—2018	车辆、船和内燃机　无线电骚扰特性用于保护车载接收机的限值和测量方法
		GB/T 17619—1998	机动车电子电器组件的电磁辐射抗扰性限值和测量方法
87	危险货物运输车辆结构	GB 21668—2008	危险货物运输车辆结构要求

表4-3　挂车的安全达标检验项目和检验依据

项目代号	检验项目	检验依据	
1	道路运输车辆达标车型配置核查（挂车）	JT/T 1178.2—2019	营运货车安全技术条件　第2部分：牵引车辆与挂车
		JT/T 719—2016	营运货车燃料消耗量限值及测量方法
5	转向力和操纵稳定性（挂车）	GB/T 25979—2010	道路车辆　重型商用汽车列车和铰接客车横向稳定性试验方法
12	弯道制动稳定性（挂车）	JT/T 1178.2—2019	营运货车安全技术条件　第2部分：牵引车辆与挂车
21	压力测试连接器	GB/T 5922—2008	汽车和挂车　气压制动装置压力测试连接器技术要求
22	制动衬片性能	GB/T 22309—2008	道路车辆　制动衬片　盘式制动块总成和鼓式制动蹄总成剪切强度试验方法
		GB/T 22311—2008	道路车辆　制动衬片　压缩应变试验方法
		JT/T 1178.1—2019	营运货车安全技术条件　第1部分：载货汽车
24	汽车导静电橡胶拖地带	JT/T 230—2021	汽车导静电橡胶拖地带
25	侧倾稳定性（挂车）	GB/T 14172—2021	汽车、挂车及汽车列车静侧倾稳定性台架试验方法
		GB 28373—2012	N类和O类罐式车辆侧倾稳定性
		JT/T 1178.2—2019	营运货车安全技术条件　第2部分：牵引车辆与挂车
26	转弯通道最大宽度（挂车）	JT/T 1178.2—2019	营运货车安全技术条件　第2部分：牵引车辆与挂车

（续表）

项目代号	检验项目	检验依据	
29	后下部防护装置（挂车）	GB 11567—2017	汽车及挂车侧面和后下部防护要求
30	侧下部防护装置（挂车）	GB 11567—2017	汽车及挂车侧面和后下部防护要求
38	汽车制动性能（挂车）	GB 12676—2014	商用车辆和挂车制动系统技术要求及试验方法
		JT/T 1178.2—2019	营运货车安全技术条件　第 2 部分：牵引车辆与挂车
43	汽车防抱制动性能（挂车）	GB/T 13594—2003	机动车和挂车防抱制动性能和试验方法
53	汽车防抱制动装置电磁兼容性	GB/T 18655—2018	车辆、船和内燃机　无线电骚扰特性用于保护车载接收机的限值和测量方法
		GB/T 17619—1998	机动车电子电器组件的电磁辐射抗扰性限值和测量方法
55	后部防护装置	JT/T 1285—2020	危险货物道路运输营运车辆安全技术条件
56	列车最大摆动幅度（挂车）	JT/T 1178.2—2019	营运货车安全技术条件第 2 部分：牵引车辆与挂车
58	电子制动系统性能（EBS）（挂车）	GB/T 13594—2003	机动车和挂车防抱制动性能和试验方法
		GB 12676—2014	商用车辆和挂车制动系统技术要求及试验方法
62	电气连接器位置与布置（挂车）	GB/T 32861—2016	道路车辆牵引车与挂车之间的电气和气动连接位置
63	外部照明与光信号装置的安装规定（挂车）	GB 4785—2007	汽车及挂车外部照明和光信号装置的安装规定
		GB 7258—2017	机动车运行安全技术条件
64	车身反光标识-安装要求（挂车）	GB 7258—2017	机动车运行安全技术条件
65	车辆尾部标志板-安装要求（挂车）	GB 7258—2017	机动车运行安全技术条件
70	车身反光标识-性能	GB 23254—2009	货车及挂车　车身反光标识
71	车辆尾部标志板-性能	GB 25990—2010	车辆尾部标志板

项目代号	检验项目	检验依据	
73	挂车车轴性能	JT/T 475—2020	挂车车轴
74	车辆互换性信息铭牌	JT/T 1178.2—2019	营运货车安全技术条件　第2部分：牵引车辆与挂车
75	储气筒性能	QC/T 200—2015	汽车和挂车气压制动装置用储气筒性能要求及试验方法
77	牵引销性能	GB/T 15088—2009	道路车辆　牵引销　强度试验
78	半挂车支撑装置	GB/T 26777—2011	挂车支撑装置
82	防抱制动系统接口	GB 20716.1—2006	道路车辆　牵引车和挂车之间的电连接器第1部分：24 V标称电压车辆的制动系统和行走系的连接
83	气制动连接器	GB/T 13881—2019	道路车辆　牵引车与挂车之间气制动管连接器
84	电连接器	GB/T 20717—2006	道路车辆　牵引车和挂车之间的电连接器24 V15 芯型
		GB/T 5053.1—2006	道路车辆　牵引车与挂车之间电连接器7 芯24 V标准型（24N）
		GB/T 25088—2010	道路车辆　牵引车和挂车之间的电连接器24 V7 芯辅助型（24S）
87	危险货物运输车辆结构	GB 21668—2008	危险货物运输车辆结构要求

4.1.4　危险品罐式车的环保信息公开

4.1.4.1　汽车的环保信息公开制度

机动车环保由国家环境保护部主管。2000 年 11 月，国家环境保护部发布《关于实施〈车用压燃式发动机排气污染物排放标准〉和〈轻型汽车污染物排放标准〉有关要求的通知》（环发〔2000〕227 号），明确指出凡新生产的符合以上标准的发动机和车辆向国家环境保护部申报审核，开启了环保型式批准制度。2015 年 8 月 29 日，国家发布《中华人民共和国大气污染防治法》，规定机动车生产企业应公开排放检验信息、污染控制技术信息、有关维修技术信息。2016 年 8 月 24 日，国家环境保护部发布《关于开展机动车和非道路移动机械环保信息公开工作的公告》，从 2017 年 1 月 1 日起开始执行环保信息公开制度，取代之前的环保型式批准，环保信息公告制度一直沿用至今。环保认证标识如图 4 - 2 所示。

图 4-2　环保认证标识

4.1.4.2　罐式危险品车辆的环保信息公开检验项目和检验依据

罐式危险品车辆环保信息公开检验项目和检验依据，如表 4-4 所示。

表 4-4　罐式危险品车辆环保信息公开检验项目和检验依据

项目代号	检验项目	检验依据	
04	重型汽车实际道路车载法排放	GB 17691—2018	重型柴油车污染物排放限值及测量方法（中国第六阶段）
05	重型汽车燃料消耗量及排气污染物	GB 17691—2018 GB 30510—2018 GB/T 27840—2011	重型柴油车污染物排放限值及测量方法（中国第六阶段） 重型商用车辆燃料消耗量限值 重型商用车辆燃料消耗量测量方法
06	加速行驶车外噪声	GB 1495—2002	汽车加速行驶车外噪声限值及测量方法

4.2　危险品罐式车产品准入的检验检测机构

我国的汽车检验检测机构是伴随着我国汽车产业的发展而成长起来的，在 4.9 万家各类检验检测机构中，汽车检验检测机构（含汽车零部件、摩托车）不到 200 家，整车检验机构更少，不到 50 家，占全国检验机构比重仅有 0.1%，但在 3585.92 亿（截至 2020 年底）的全国检验检测市场中，汽车板块占比超过 10%，市场超过 300 亿。

作为与新中国汽车工业几乎同步成长的汽车检验检测机构，与汽车工业的成长始终分不开，汽车检验检测机构既是我国汽车工业发展的保障和助推力，也得益于我国汽车工业的发展。以中国汽车技术研究中心有限公司、中国汽车工程研究院股份有限公司、襄阳达安汽车检测中心有限公司等 9 家汽车检验检测机构为代表的我国汽车检验检测领域主力机构，是我国汽车上市前执行产品准入的检验检测机构的杰出代表。他们不仅是公告、CCC 制度的主要依托，也是交通运输部门、生态环境部门行使相关管理措施的主要依托技术机构。

4.2.1 中汽研汽车检验中心（天津）有限公司

中汽研汽车检验中心（天津）有限公司（简称"天津中心"），是原天津汽车检测中心，始建于 1987 年，是由中国汽车技术研究中心有限公司（简称中汽中心）投资建立，是具有行业影响力的独立第三方汽车产品检测及技术服务机构，被国家认证认可监督管理委员会（CNCA）授权为国家轿车质量检验检测中心、国家智能网联汽车质量检验检测中心（天津），已通过了国家认证认可监督管理委员会（CNCA）资质认定、中国合格评定国家认可委员会（CNAS）实验室认可。

截至目前，天津中心已获得政府部门认可授权的资质有国家轿车质量检验检测中心、国家智能网联汽车质量检验检测中心（天津）、国家汽车新产品申报公告检测机构、国家强制性产品认证（CCC）指定实验室、汽车环保产品认定排放检验机构、道路运输车辆达标车型检测机构、工业产品（汽车）质量控制实验室、工业产品（节能与新能源汽车）质量控制实验室、工业和信息化部产业技术基础公共服务平台等。

4.2.2 中国汽车工程研究院股份有限公司

中国汽车工程研究院股份有限公司（简称"中国汽研""重庆中心"），原名重庆重型汽车研究所，始建于 1965 年 3 月，系国家一类科研院所。2001 年，中国汽研更名为重庆汽车研究所，同时转制为科技型企业。2003 年，划归国务院国资委管理。2006 年，中国汽研与中国通用技术（集团）控股有限责任公司联合重组，成为其全资子企业。2007 年，中国汽研更名为中国汽车工程研究院，并整体改制为有限责任公司。2010 年 11 月，中国汽研整体变更设立为中国汽车工程研究院股份有限公司。2012 年 6 月 11 日，中国汽研在上海证券交易所正式挂牌上市。

中国汽研积极服务国家战略和行业发展，认真践行责任使命，构建起以重庆总部为核心，辐射全国主要汽车产业集群的技术服务布局。中国汽研始终秉承创新、拼搏、担当、快乐的企业精神，聚焦"安全""绿色""体验"三大技术领域；提供解决方案、软件数据、装备工具三类产品；致力成为以标准为核心，集成技术服务、数据应用、装备推广的科技平台公司。中国汽研为汽车行业高质量持续发展提供科技支撑，为汽车企业品质和品牌提升提供技术服务，为汽车消费者透明合理消费提供信用保障。

中国汽研坚持基础研究的投入，形成了集检测中心、工程中心、智能中心、新能源中心、数据中心、孵化中心及装备产业于一体的集群体系，已成为我国汽车产品开发、试验研究、质量检测的公共科技创新平台，推动了汽车产业技术进步。

为满足试验场地需要，中国汽研于 2019 年在重庆大足区投资近 6 亿建了占地面积 1016 亩的智能网联综合试验场，在河南与黄河交通学院合资建设占地面积 312 亩的汽车试验场。此外，长安汽车在重庆垫江投资 15 亿元建设占地面积 3362 亩的综合试验场也委托"中国汽研"运营。

4.2.3　襄阳达安汽车检测中心有限公司

襄阳达安汽车检测中心有限公司暨襄阳达安汽车检测中心有限公司（简称"襄阳中心"），是经中国合格评定国家认可委员会认可和授权的、具有独立法律地位的第三方综合性汽车检测及技术服务机构，已获得国家认证认可监督管理委员会、工业和信息化部、交通运输部、生态环境部等对于汽车检测机构的全部资质授权。

自 1985 年成立起，历经 30 余年的发展，襄阳中心始终保持着国内领先的行业地位。当前，襄阳中心占地 3.67 平方公里，拥有 1 个汽车试验场和 17 个专业方向的试验室，具有高集中度、前瞻性、专业化的测试能力，检测范围涵盖汽车整车和零部件全系列，具备 222 类、1023 项标准的检测能力。

当前，襄阳中心已形成"四个中心"［试验开发验证中心、国家智能网联汽车质量监督检验中心（湖北）、国家汽车质量监督检验中心（襄阳）、襄阳达安检查中心］的业务形态，形成以襄阳为本部，以武汉、广州、张家港、柳州、成都、郑州等 9 个工作部为市场前沿，辐射全国的事业格局。

面对汽车产品电动化、智能化、网联化、轻量化、共享化的发展趋势，襄阳中心加快新能源和智能网联检测技术研究和积累，当前已形成完整的氢能源试验检测能力。作为首批获得批准的国家智能网联汽车监督检验中心，襄阳中心已形成完善的整车 ADAS 测试以及自动驾驶试验测试能力，并完成了现有园区的智能化网联化改造，已能进行 46 种智能网联场景的测试。在快速推进的扩建工程中，襄阳中心将搭建 140 余种智能网联测试场景，处于该行业国内领先地位。

4.2.4　上海机动车检测认证技术研究中心有限公司

上海机动车检测认证技术研究中心有限公司（简称"上海中心"）成立于 2003 年，是第三方机动车产品检测机构，是国家认证认可监督管理委员会（CNCA）授权的国家机动车产品质量监督检验中心和国家新能源机动车产品质量监督检验中心，通过了中国合格评定国家认可委员会（CNAS）实验室的认可。

上海中心坐落于上海安亭国际汽车城内，占地面积为 12.7 万平方米，是华东华南地区唯一的第三方国家级机动车产品检测机构。业务范围从汽车、摩托车传统检测技术领域延伸至智能网联和新能源前瞻技术领域、氢能与燃料电池技术领域、智能检测设备研发、信息数据技术研究、检测认证一体化和创新孵化等科技创新领域，并以上海为起点，采用"一轴""两翼"布局，从长三角一体化发展逐步拓展至中原区域。上海中心于 2018 年与湖南株洲有关方面合资成立了湖南机动车检测有限公司（上海中心控股），致力于发展新能源汽车检验检测业务，于 2021 年 2 月获批筹建国家新能汽车质检中心（湖南）。

历经数年发展，上海中心已获得汽车、摩托车产品检测的全部国家授权，包括国家工业和信息化部车辆《公告》检测、国家生态环境部车辆环保目录检测、国家交通运输部车辆油耗检测、国家认证认可监督管理委员会车辆及零部件产品（CCC）认证检测等，同时也是国家市场监督管理总局缺陷汽车产品召回鉴定检测机构和国家进口汽车检验机构、国内汽车专用器具计量检定站、国内获批筹建的国家智能网联汽车产业计量测试中心及"自动化作业"行业研发中心。

4.2.5 长春汽车检测中心有限公司

1984 年 12 月，国家有关部门批准在机械工业部长春汽车研究所的基础上，筹建国家汽车质检中心；1988 年，该中心获国家汽车质量监督检验中心授权；1999 年，更名为国家汽车质量监督检验中心（长春），同年 1 月，长春中心从汽车研究所剥离出来，独立注册为法人单位——长春汽车检测中心；2017 年 12 月，进行公司化改制，注册成立长春汽车检测中心有限责任公司（简称"长春中心"）。

长春中心已初步形成北方基地（本部、长春试验所、农安试验场、大连分公司）、华东基地（天津分公司、东营试验场、江苏分公司、定远分公司）、南方基地（海南试验场、广东分公司、海南分公司）区域布局，正在打造检测、试验、试验场、标准法规、检测设备开发等综合服务业态，并于 2017 年 12 月被工业和信息化部批准为试验检测类产业技术基础公共服务平台。

4.2.6 中机科（北京）车辆检测工程研究院有限公司

中机科（北京）车辆检测工程研究院有限公司（简称"中机检测""延庆中心"，SYC）原名为：中国机械研究总院延庆试验场，始建于 1976 年 7 月；于 1998 年整建制并入中央直属大型科技企业机械科学研究总院，更名为"机械科学研究总院工程机械军用改装车试验场"，是机械总院的全资子公司之一；于 2017 年 12 月成为中国机械科学研究总院下属的中机寰宇认证检验股份有限公司（简称"中机认检"，CMCI）的全资子公司。

中机检测是全国唯一专门从事汽车及零部件、工程机械、军用改装车、特种设备、民航地面设备、环保机械等产品试验检测、科研开发和行业服务的大型"第三方"检验机构，拥有国家工程机械质量检验检测中心、汽车产品 CCC 认证整车及零部件指定实验室、汽车公告产品定型试验和强制性项目检验机构、交通部道路运输车辆燃料消耗量、货车安全达标检测机构、特种设备制造许可鉴定评审机构和型式试验机构、民航局认定的民用机场专用设备检验机构和质量一致性受理审核机构、国家应急交通运输装备工程技术研究中心试验评价分中心、重型车环保信息公开检测机构、国家高新技术企业等 20 余项授权资质。

中机检测地跨北京、河北两地，由延庆本部、康庄试验区、西拨子试验区、东花园试验区等部分组成，总占地面积为 230 公顷，总建筑面积 92733 m^2，拥有 7 条专用试验坡道、4 条直线试验跑道、3 条可靠性强化试验跑道、2 条特种路面跑道、1 条长 6 公里的环形试验跑道，以及适用于商用汽车和工程机械试验检测项目的专业实验室、试验设备和测试仪器。中机检测还在青岛、天津、长沙、德州等地建立外部试验基地，这些基地已逐步成为周边区域企业产品检测的公共服务平台，为当地政府和企业提供全面、快捷、优质、方便的技术服务。

4.2.7 招商局检测车辆技术研究院有限公司

1990 年 3 月，重庆公路科研所（后并入重庆招商局）获得国家客车质检中心授权。2003 年，招商局检测车辆技术研究院有限公司（简称"招商车研"）由招商局集团和重庆市政府整合相关资源组建而成。招商车研是国家火炬计划重点高新技术企业、重庆市创新型企业；获工业和信息化部、交通运输部、生态环境部、市场监管总局等行业主管部门授权和认可；主要从事汽摩产品公告、CCC、道路运输车辆达标车型、环保型式认证等法规检测，研发验证、供应商检测、进口商检、出口认证、标准制修订、技术咨询等工作；建有汽车、摩托车、智能网联汽车 3 个"国家质检中心"，在新能源、智能网联汽车等领域拥有 8 个省部级科技平台和 2 个省部级科普基地。同时，招商车研立足重庆、辐射西南、放眼全国，设有华东、华南、华北分支机构，以及黑河寒区试验基地，重庆渝欧、大连渝海、深圳渝鹏控股子公司。

4.2.8 国家汽车质量监督检验中心（北京通州）

1987 年，原交通部批准成立交通部汽车挂车质量监督检验测试中心和交通部汽车保修设备质量监督检验测试中心；1989 年，成立交通部汽车运输行业能源利用监测中心；1998 年，建成了交通部公路交通试验场。2000 年，原交通部公路科学研究院将以上三个中心和一个试验场合并组成公路交通试验中心，于 2006 年更名为汽车运输技术研究中心，并向国家认证认可监督管理委员会申请筹建国家汽车质检中心。同期，北京市也向原国家质检总局申请筹建国家汽车质检中心。按照原国家质检总局、国家认证认可监督管理委员会的要求，2009 年初，交通运输部公路科学研究院与北京市质检所按照"一个中心，两个基地"的原则共同筹建国家汽车质量监督检验中心。之后，在实际操作中，通州中心、顺义中心变成了各自独立运行的两家机构。2018 年 1 月，交通运输部公路科学研究院完成了事企分开改革，国家汽车质量监督检验中心（北京通州）的法人单位由交通运输部公路科学研究院变更为中公高远（北京）汽车检测技术有限公司。

交通运输部公路交通试验场暨国家汽车质量监督检验中心（北京通州）和交通运输部公路科学研究院汽车运输技术研究中心，是运输车辆运行安全技术交通运输行业重点实验室，同时也是交通运输部营运车辆燃料消耗量及货运车辆推荐车型工作的技术审查机构。原交通部公路交通试验场通过了 ISO 9000 质量体系认证以及中国合格评定国家认证认可监督管理委员会认可，主要从事道路运输车辆安全、环保、节能及汽车运用技术研究及检测工作，并面向国内外汽车研发机构及制造企业提供汽车试验场地及试验技术服务。

多年来，试验场开展了汽车性能检测、汽车节能产品检测、汽车制动液产品生产许可证审查与质量检测、汽车制动液及冷却液质量国家监督抽查、汽车保修设备质量行业监督抽查等行业服务工作。试验场完成了 20 多项国家、交通运输部重大科研项目研究，屡获国家、交通运输部、中国公路学会科技进步奖。目前，试验场内建有 4 车道最高设计平衡车速达 190 km/h 的全封闭高速循环跑道，全长 2.3 千米的长直线性能试验路，坡度 6%～60% 的 8 条标准坡道，总长度达 30 余千米的汽车操纵稳定性、车外噪声、ABS 制动性能、可靠性、耐久性等测试场地及试验道路；建有汽车碰撞、整车性能、整车排放等 10 多个汽车专业实验室，具备 219 项汽车及相关标准的检测能力。另外，$330 \times 330 \ m^2$ 的汽车动态测试广场、汽车干操控测试道路等试验设施于 2015 年初建成投入使用。

4.2.9 北京市产品质量监督检验院承担的国家汽车质量监督检验中心（北京顺义）

根据北京市汽车产业调整与振兴发展的需求和国家质检中心服务当地经济发展的功能定位，北京市政府决定支持北京市质量技术监督局下属北京市产品质量监督检验院建设汽车领域的国家质检中心，通过市政府立项投资，在北京打造功能齐全、设施完善的独立、公正、科学、权威的第三方汽车专业检测研究机构。因同期交通运输部公路科学研究院也在申请国家汽车质检中心，2009 年，通过协调，双方按照"一个中心，两个基地"的原则共同筹建国家汽车质量监督检验中心，并于 2014 年通过原国家质量监督检验检疫总局验收。这是第二家由市场监管系统内机构主导的国家汽车质检中心。

该中心设有碰撞安全实验室、排放节能实验室、整车性能实验室、灯光电器与新能源实验室、材料与油品实验室等，可开展整车、零部件、排放、碰撞、新能源汽车、车内空气、车用油品等检测工作，能为政府质量监管、企业产品研发、保障消费者权益提供技术服务。目前，检验检测中心还在规划筹建氢燃料汽车实验室、智能网联汽车实验室。

我国汽车领域主要的检验检测技术服务提供商基本为上述 9 家，需要补充的是，在消防车（含进口消防汽车）检测方面，全国唯一的检验检测机构是上海消防装备研究所（国家消防装备质检中心），也是 CCC 指定实验室、工业和信息化部的"公告"检测指定机构。另外，中国农业机械化研究院拟在其获得的国家农机具质检中心授权基础上，进军商用车检验检测市场，现已分别获得了工业和信息化部公告、CCC、交通运输部、生态环境部四部门相关检测资质，拟投资 50 亿在山东诸城打造汽车（主要是商用车）检验检测基地。江苏智能交通及智能驾驶研究院旗下的混合所有制企业中质智通检测技术有限公司，于 2018 年在机构改革前从国家认证认可监督管理委员会获批国家智能商用车质检中心，在商用车、智能网联汽车方面开展检测工作。原柳州市产品质量监督检验所在柳州市政府的支持下，于 2012 年经原国家质量监督检验检疫总局批准筹建国家汽车质量检验中心（广西）。广西壮族自治区政府一期投入了 8.4 亿建设资金，经过长达 9 年的筹备，于 2020 年 1 月完成资质认定，获批正式成立，这是全国市场监管系统第三家汽车方面的国家质检中心。与北京顺义一样，因为汽车行业对天津中心、襄阳中心、重庆中心、上海中心、长春中心以及它们在异地开办的分支（国家质检中心）的认知认可度高，市场监管系统内这两家汽车产品国家质检中心的发展还有很大的空间。

国家逐步完善汽车产品认证体系和配套的产业建设，正在逐步规范汽车特别是危险品罐式车辆的准入、生产、销售和使用行为，同时也形成了汽车检测与认证的巨大产业，为推动国民经济发展做出贡献。但汽车产品认证的多头管理、检测行业的不统一不规范现象也时常存在，相关部门正在研讨和酝酿下一步汽车认证机构的合并改革措施，为汽车企业减负，为汽车行业发展增添动力。

第5章 危险品罐式车的设计与计算

5.1 罐体设计的任务来源及条件确定

设计任务来源于商务合同的最终确认,特指与用户及产品经销商确定的最终配置版本技术协议,用户以合同条款或合同附加技术条款提出全面设计条件,设计部门按本单位工作程序全面审视设计条件和内容,提出交涉反馈意见,最终确定后双方签署技术协议。设计部门按照技术评审要求,对于违反法律法规、安全技术规范、强制性技术标准以及超出本单位执行能力的内容与用户进行沟通,用户可能无法全面提出设计条件及相应风险识别,但设计条件必须全面、严谨,因此,通常需要设计单位帮助补充完善设计条件,提交用户修改并反馈意见,最终确定后由双方签署。

5.2 设计条件基本内容

在与终端用户沟通技术协议时,应重点了解及明确以下关键信息。

(1) 工作条件,包括使用环境温度、工作温度范围、工作压力范围、装卸条件及方式(泵打进、泵抽出、气体挤压打进、气体挤压输出、自然重力流进、自然重力流出)、装卸压力、附加载荷等;

(2) 充装介质,包括介质的编号、名称、类别、运输温度、组分及有害杂质含量等;

(3) 罐体几何容积或实际载液容积及公告容积;

(4) 预期使用年限;

(5) 罐体材料,运输工况条件,运输里程,是否存在极端天气等;

(6) 设计需要的其他必要条件;

(7) 罐车设计;

(8) 整车参数。

5.3 罐车设计计算

5.3.1 整车参数

现以某用户需求的公告容积 42.5 m³、运输介质为汽油的铝合金运油半挂车为例，结合用户技术协议要求，予以明确整车参数及整车总布置方案，整车总布置及整车参数表如图 5-1 所示及表 5-1 所列。

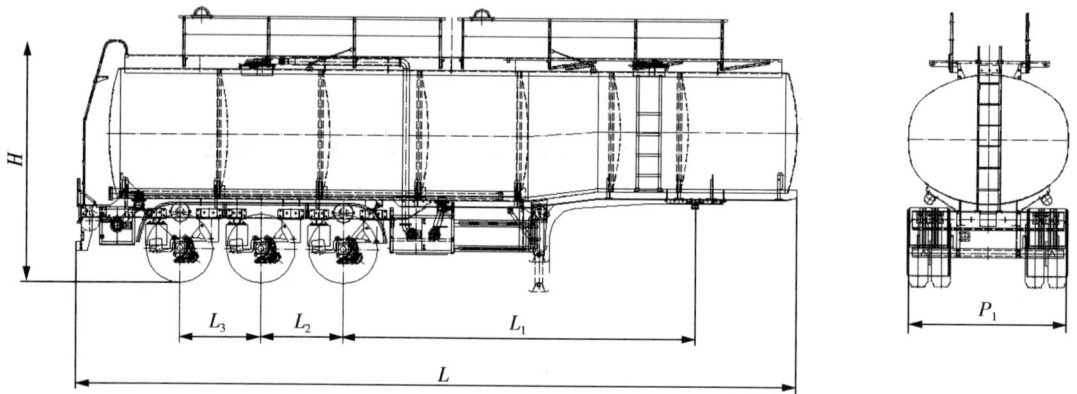

图 5-1 整车总布置图

表 5-1 整车参数表

总体设计参数	公式	单位	参数值
车辆类型			罐式半挂车
设计标准			GB18564.1—2019
装运介质			汽油
罐体设计代码			LGBF
封罐压力（P_2）		MPa	0
充装或卸载压力（P_3）		MPa	0
设计压力（内压，P）	max $\{P_1 + P_2, P_3\}$	MPa	0.0732
设计压力（外压）		MPa	0
设计温度		℃	50
设计代码表中的试验压力（Pt）		MPa	G
液压试验压力（Pt_1）	max $\{1.3 * P, 0.042\}$	MPa	0.09516

（续表）

总体设计参数	公式	单位	参数值
气密性试验压力（Pt_2）	max｛P，0.042｝	MPa	0.0732
无损探伤比例		%	10
焊接接头系数		MPa	0.85
腐蚀裕量		mm	0.1
整备质量（m_1）		kg	6000
装载质量（m_2）		kg	34000
总质量（m）	$m＝m_1＋m_2$	kg	40000
整车外形尺寸（$L×W×H$）		mm	11410×2550×3850（mm）
罐体尺寸（长度×宽度×$\frac{后筒高度}{前筒高度}$）		mm	10900×2540×2065/1915
轴距（$L_1＋L_2＋L_3$）		mm	5550＋1310＋1310（mm）
公告容积		m³	42.5
罐体截面形状			矩圆形
装运介质特性			
GB 12268—2012			1203
危险程度分类			易燃
包装类别			II
类别和项别			3
设计温度下介质饱和蒸气压（P_1）		MPa	0.0732
50 ℃介质密度		kg/m³	674.8
沸点			
主体材料			
材料牌号			AL5454
板材分类			
材料标准（力学性能）			GB/T 3880.2—2012
抗拉强度下限（Rm）		MPa	275
断后伸长率		%	16

5.3.2 具体失效模式和风险控制措施

失效模式主要有韧性断裂、脆性断裂、承压筒体或构件失稳、泄漏失效、均匀腐蚀失效等。韧性断裂和脆性断裂失效会产生破损、泄漏和爆炸；承压筒体或构件失稳会使筒体或构件改变原有形状，导致它们不能正常使用乃至垮塌；泄漏失效会导致泄漏、爆炸；均匀腐蚀失效会导致变形过量、破损、泄漏和爆炸。针对以上失效模式，我们在产品设计、制造和使用等阶段采取了一系列措施，具体如下所述。

（1）韧性断裂

按 GB 18564.1—2019 的相关规定，对罐体进行强度计算，确定罐体设计厚度和结构尺寸，以满足使用要求和相关标准的规定。

按 GB 18564.1—2019 的要求，选择合理的罐体结构、管路结构及支座结构，受压件之间及非受压件与受压件之间的焊接均采用全焊透型式，结构设计时避免局部应力集中，角焊缝应圆滑过渡。

选择合理的法兰、管件、阀门、管子和紧固件，确定的标准件公称压力等级高于计算压力，确保强度满足设计要求。

罐体设计代码为 LGBF，据 GB 18564.1—2019 的相关规定，确定设计压力、罐顶阀件及卸料管道阀件的设置，以保证发生火灾或其他危险状况时确保罐体有足够的强度；防止罐体因负压时失稳及火苗窜进罐内；防止在翻车事故中造成泄漏。

为防止后封头及罐体后部的管路和附件因追尾损坏，罐车设置后下部防护装置，后下部防护装置要符合 GB 11567 的规定，后下部防护具有足够的强度和刚度，其内侧与罐体后封头及罐体后部的管路和附件外端面在长度方向垂直投影的距离大于 150 mm。

设置罐顶倾覆保护装置，该装置比罐顶各附件至少高 20 mm，且能承受 2 倍的罐车总重，以备在翻车时保护罐顶附件。

（2）脆性断裂

对受压元件材质提出合理有效的附件要求，确保其具有足够的韧性和优良的工艺性能，严格控制材料表面和内部质量。

钢板、锻件、钢管及螺栓按标准使用要求进行低温冲击试验，保证其具有足够的韧性。

选择合理的材料及焊机工艺，确保焊接接头的化学成分及性能符合要求。同时，焊接接头要进行多种形式的无损检测。

（3）承压筒体或构件失稳

承压筒体截面形状和尺寸符合 GB 18564.1—2019 的要求；筒体、封头的最小成型厚度满足 GB 18564.1—2019 中的设计厚度的要求；采用防波板作为筒体刚性破坏的保护装置，防波板的最小成型厚度和安装位置符合 GB 18564.1—2019 的要求；筒体的不圆度、直线度等满足标准要求。

（4）泄漏失效

根据设计、操作参数及介质特性，选择合理的凸缘、法兰、人孔盖、管件、阀门、管子、紧固件，确保密封的可靠性，并按要求对罐体、管道进行气密性试验。

（5）均匀腐蚀失效

根据汽油特性，筒体材质选择 AL 5454，设计寿命为 10 年，按照 GB 18564.1—2019 取值，腐蚀裕量取 0.05 mm/年，总腐蚀裕量为 0.5 mm。

5.3.2　设计计算

现依据 GB 18564.1—2019 对整车罐体强度、压力、厚度、安全泄放量等参数予以计算，见表 5-2～5-9 所列。

表 5-2　罐体强度计算

型号	公告型号		产品名称	铝合金运油半挂车	
代号	释义	公式	单位	数值	备注
A. 设计参数					
	介质名称			汽油	
	罐体设计代码			LGBF	
	介质沸点		℃	≤50	
	封头类型			蝶形封头	
	是否考虑封头弹性失稳			否	
	封头以及筒体材料			5454	
	板材分类				
δ_1	筒体厚度		mm	6	
δ_2	封头厚度		mm	7	
t	设计温度		℃	50	
γ	装运介质密度		kg/m³	674.8	
P	设计压力		MPa	0.0732	
P_1	设计温度下介质饱和蒸气压		MPa	0.0732	
P_2	封罐压力		MPa	0	
P_3	充装或卸载压力		MPa	0	
$Rp0.2$	材料在设计温度下的屈服强度		MPa	180	GB/T 3880.2—2012
$[\sigma]t$	材料设计温度需用应力		MPa	68	JB/T 4734—2002
Rm	材料标准抗拉下限		MPa	275	
A_1	材料断后伸长率		%	16	
	罐体截面形状			矩圆形	
Do	筒体外径/高度		mm	2065	
Di	筒体内径/高度	$Do - 2 * \delta_1$	mm	2053	
φ_1	筒体焊接接头系数			0.85	
φ_2	封头焊接接头系数			0.85	
C_1	腐蚀裕量		mm	0.1	

（续表）

型号	公告型号		产品名称	铝合金运油半挂车	
代号	释义	公式	单位	数值	备注
Cc_2	筒体厚度负偏差		mm	0.26	GB/T 3880.3—2012
Ch_2	封头厚度负偏差		mm	0.26	GB/T 3880.3—2012
Cc_3	筒体加工减薄量		mm	0	
Ch_3	封头加工减薄量		mm	0.5	GB/T 25198—2010
Pt	设计代码表中规定的试验压力				
B. 计算变量					
PH	2倍液柱静压	$2*\rho*g*Di$	MPa	0.04	
PL	载荷产生的等效压力	$\max\{2*m_1*\gamma*g*4/(\pi*Di_2),\ 0.035\}$	MPa	0.14	
Pc	计算压力	$\max\{P+PL,\ 0\}$	MPa	0.21	设计代码为G
Pc	计算压力	$\max\{P+PL,\ 1.3*P_3,\ 0.4\}$	MPa	/	设计代码给定值
Ri	蝶形封头球面部分内半径	$0.9*Di$	mm	1847.70	按GB/T 25198—2010
Ro	蝶形封头球面部分外半径				
M	蝶形封头形状系数	$M=\frac{1}{4}\left(3+\sqrt{\frac{R_i}{r}}\right)$		2.45	按GB 150.3—2011
r	蝶形封头过渡段转角内半径		mm	40.00	按GB 150.3—2011
δ_{min}	蝶形封头最小厚度		mm	5.54	按GB 150.3—2011
C. 计算结果					
δc	筒体计算厚度	$Pc*Di/(2*[\sigma]t*\varphi_1-Pc)$	mm	4.59	
δH	封头计算厚度	$M*Pc*Ri/(2*[\sigma]t*\varphi_2-0.5*Pc)$	mm	6.12	
δo_1	按基准钢设定筒体最小厚度	符合5.2.13.5规定	mm	4.00	GB 18654.1—2019
δo_2	所用材料筒体最小厚度	$21.4*\delta o_1/(Rm*A_1)$^(1/3)	mm	5.22	GB 18654.1—2019

（续表）

型号	公告型号		产品名称	铝合金运油半挂车	
代号	释义	公式	单位	数值	备注
δo_3	筒体最小厚度		mm	5.00	GB 18654.1—2019 表 4
δo	罐体最小厚度	max ｛δo_2，δo_3｝	mm	5.22	
δcD	筒体设计厚度	max ｛（$\delta c+C_1$），（$\delta o+C_1$）｝	mm	5.32	
δcn	筒体名义厚度	roundup（$\delta cD+Cc_2+Cc_3$）	mm	6.00	
δHD	封头设计厚度	max ｛（$\delta H+C_1$），（$\delta o+C_1$）｝	mm	6.22	
δHn	封头名义厚度	roundup（$\delta HD+Ch_2+Ch_3$）	mm	7.00	
δeh	封头有效厚度		mm	6.64	
δec	筒体有效厚度		mm	5.64	
δh_{min}	封头最小成型厚度		mm	6.22	
δc_{min}	筒体最小成型厚度		mm	5.32	
D. 结论					
筒体输入厚度	6	筒体所需厚度	6.00		合格
封头输入厚度	7	封头所需厚度	7.00		合格

表 5-3　人孔开孔补强计算

型号	公告型号		产品名称	铝合金运油半挂车	
代号	释义	公式	单位	数值	备注
Pc	计算压力		MPa	0.21	
t	计算温度		℃	50	
C_1	筒体腐蚀裕量		mm	0.1	
δ_1	筒体名义厚度		mm	6.00	
$[\sigma]t$	筒体许用应力		mm	91	
δc	筒体计算厚度		mm	2.78	
δec	筒体有效厚度		mm	5.64	
	接管材料			5454	
	材料分类				
φ_3	接管焊接接头系数			0.85	

（续表）

型号	公告型号		产品名称	铝合金运油半挂车	
代号	释义	公式	单位	数值	备注
do	接管外径		mm	500	
H_1	接管实际外伸高度		mm	40	
H_2	接管实际内伸高度		mm	120	
δnt	接管名义厚度		mm	5	
δet	接管有效厚度	$\delta nt - C_2 - Cn_2$	mm	4.64	
C_2	接管腐蚀裕量		mm	0.1	
δt	接管计算厚度	$Pc * (do - 2\delta nt) / (2[\sigma]nt * \varphi_3 - 0.5Pc)$	mm	0.66258	
$[\sigma]nt$	接管许用应力		MPa	91	
Cn_2	接管材料厚度负偏差			0.26	
dop	开孔直径	$do - 2 * \delta et$	mm	490.72	
	补强圈补强			是	
	补强圈材料			5454	
	材料分类				
dro	补强圈外径		mm	780	
δrt	补强圈名义厚度		mm	6	
$[\sigma]rt$	补强圈许用应力		MPa	91	
Cr_2	补强圈材料厚度负偏差		mm	0.26	
B	有效补强宽度	$\max\{2 * dop, (dop + 2 * \delta_1 + 2 * \delta nt)\}$	mm	981.44	
h_1	外伸接管有效补强高度	$\min\{H_1, (dop * \delta nt)^{0.5}\}$	mm	40	
h_2	内伸接管有效补强高度	$\min\{H_2, (dop * \delta nt)^{0.5}\}$	mm	120	
fr_1	接管材料强度补强系数	$\min\{1, [\sigma]nt / [\sigma]t\}$		1	
fr_2	补强圈材料强度削弱系数	$\min\{1, [\sigma]rt / [\sigma]t\}$		1	
A	壳体开孔所需补强面积	$dop * \delta c + 2 * \delta c * \delta et(1 - fr)$	mm^2	1388.976	
A_1	壳体多余金属面积	$(B - dop)(\delta ec - \delta c) - 2 * \delta et * (\delta ec - \delta c)(1 - fr)$	mm^2	1377.904	

（续表）

型号	公告型号		产品名称	铝合金运油半挂车	
代号	释义	公式	单位	数值	备注
A_2	接管多余金属面积	$2*h_1\ (\delta et-\delta t)\ fr+2*h_2\ (\delta et-C_1)\ fr$	mm²	1407.794	
h_3	焊脚高度	$0.7*min\ \{\delta nt,\ \delta rt\}$	mm	3.5	
A_3	补强区内的焊缝面积	h_3*h_3	mm²	12.25	
A_4	补强圈面积	$(\delta rt-Cr_2)\ *\ \{min\ (B,\ dro)-do\}\ *fr_2$	mm²	1607.2	
结论	$A_1+A_2+A_3+A_4-A$		3016.171734	mm²	合格	

表 5-4　罐体安全泄放量计算

型号	公告型号	产品名称	铝合金运油半挂车	
代号	释义	单位	数值	备注
A	罐体表面积（最大隔舱）	m²	90	
	罐体是否保温		否	
Q	罐体最小安全泄放量	m³/s	5.206	
C.3 无保温层罐体的安全泄放量查表 C.2				
L	泄放压力下液体介质的汽化潜热	kJ/kg	334.94	
M	介质蒸汽的摩尔质量	kg/kmol	86.7	
T	泄放压力下饱和气体绝对温度	K	394	
C	气体系数		0.607	
Z	泄放压力下介质饱和蒸气压的压缩系数（如果未知，设定为1）		1	
Q	标准状态下（0.1 MPa，0 ℃），罐体的安全泄放量	m³/s	5.206	

表 5-5　最大充装率计算

型号	公告型号		产品名称	铝合金运油半挂车	
代号	释义	公式	单位	数值	备注
	设计温度		℃	50	
	装运介质			汽油	
	介质危险程度分类			易燃	
	介质类别和项别			3	
	包装类别			II	
	安全泄放装置			有	
	安全阀			无	

（续表）

型号	公告型号		产品名称	铝合金运油半挂车	
代号	释义	公式	单位	数值	备注
	爆破片装置			无	
	安全阀与爆破片串联装置			无	
	紧急泄放装置			无	
	呼吸阀			有	
T_f	充装期间的介质温度		℃	25	
α	15～50 ℃平均体积膨胀系数	$(\rho_{15}-\rho_{50})/(35*\rho_{50})$		0.0012	
ρ_{15}	介质在 15 ℃时的密度		kg/m³	704	
ρ_{50}	介质在 50 ℃时的密度		kg/m³	675	
V	罐体容积		L	42500	
ρg	充装温度下介质密度	$\rho_{15}-(\rho_{15}-\rho_{50})/35*(T_f-15)$	kg/m³	700	
β	系数			100	
φv	充装温度下的最大充装率	$\beta/\{1+\alpha(50-T_f)\}$	%	96.98	
W	罐体最大允许充装量	$\varphi v * V * \rho g$	kg	28851.55	
W_1	罐体实际允许充装量		kg	34000	
	当 $W \leqslant W_1$，合格；当 $W > W_1$，不合格			合格	GB18564.1—2019 5.2

表 5-6 轴载荷校核

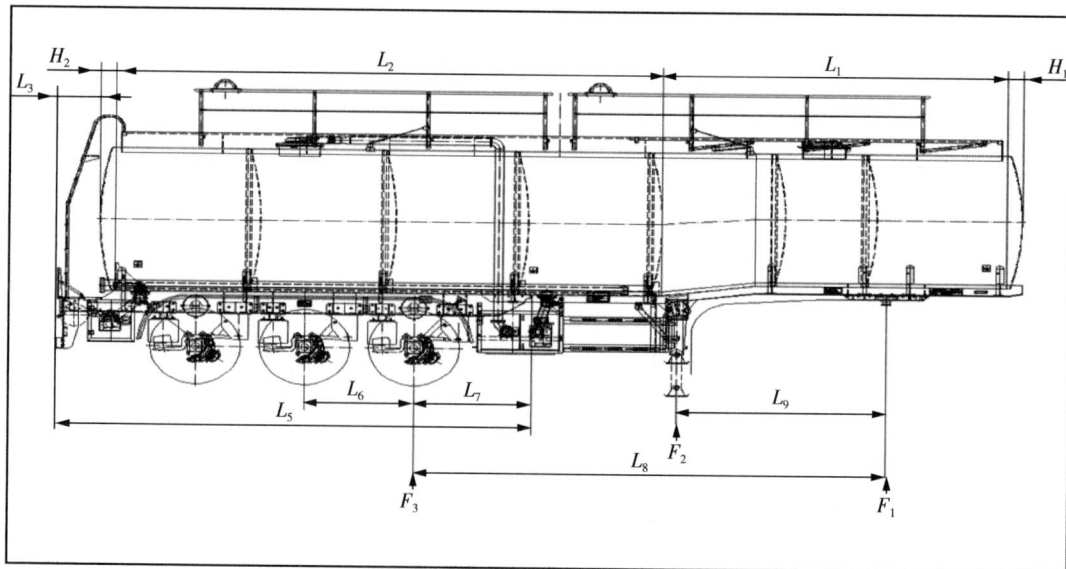

型号	公告型号		产品名称	铝合金运油半挂车	
代号	释义	公式	单位	数值	备注
	罐体截面形状			矩圆形	
G	最大总质量		kg	40000	
G_1	整备质量		kg	6000	
G_2	设计载质量		kg	34000	
D_1	前筒体（等效）外径		mm	/	
D_2	后筒体（等效）外径		mm	/	
δ_1	筒体厚度		mm	6	
S_1	前封头截面积		mm^2	3652002	
S_2	后封头截面积		mm^2	4103531	
H_1	前封头深度		mm	180	
H_2	后封头深度		mm	180	
V_1	前筒体＋前封头容积		m^3	15.47	
V_2	后筒体＋后封头容积		m^3	27.03	
L_1	前筒体长度		mm	4060	
L_2	后筒体长度		mm	6480	
L_3	保险杠到后封头距离		mm	510	
L_5	车架长度		mm	5500	
L_6	轴距		mm	1310	
L_7	车架端面到第一轴距离		mm	1386	
L_8	牵引销到第一轴距离		mm	5550	
L_9	牵引销到支腿距离		mm	2469	
G_3	车架以及行走系统质量		kg	3050	
A	前封头重心高度		mm	67.5	
B	后封头重心高度		mm	67.5	
L_{10}	前筒体重心到前后筒体焊缝距离	$(L_1+A)/2$	mm	2063.75	
L_{11}	后筒体重心到前后筒体焊缝距离	$(L_2+B)/2$	mm	3273.75	
L_{12}	罐体重心到后筒体重心距离	$(L_{10}+L_{11})/(1+V_2/V_1)$	mm	1942.655	
L_{13}	罐体重心到前后筒体焊缝距离	$L_{11}-L_{12}$	mm	1331.095	

（续表）

型号	公告型号		产品名称	铝合金运油半挂车	
代号	释义	公式	单位	数值	备注
L_4	罐体重心到后桥中心距离	$L_2 + H_2 + L_3 + L_6 + L_7 - L_5 - L_{13}$	mm	3034.905	
F_1	满载时牵引销载荷	$(G - G_3) * L_4 / (L_6 + L_8)$	kg	16346.9	
F_2	满载时支腿载荷	$(G - G_3) * L_4 / (L_6 + L_8 - L_9)$	kg	25538.54	
F_3	满载时后三轴载荷	$G - F_1$	kg	23653.1	
判断标准					
	$F_3 \leqslant 24000 \text{kg}$			合格	

表 5-7　倾覆保护装置计算

型号	公告型号		产品名称	铝合金运油半挂车
代号	释义	公式	单位	数值
罐顶护肩结构参数				
L	护肩长度		mm	10654
	护肩材料			5083
$[\sigma]_1$	护肩材料设计温度下需用应力		MPa	100
$[\tau]_1$	护肩材料设计温度下需用切应力	$0.55 [\sigma]_1$	MPa	55
	罐体材料			5454
$[\sigma]_2$	罐体材料设计温度下需用应力		MPa	91
$[\tau]_2$	罐体材料设计温度下需用切应力	$0.55 [\sigma]_2$	MPa	50.05
T	护肩壁厚		mm	4
W	护肩底部宽度		mm	20
H	护肩高度		mm	297
Tw	焊角高度		mm	4
W_1	焊缝间距	$W + 2 * Tw$	mm	28
F	载荷	$2 * g * G$	N	661500
过程 1				
S	单侧护肩与罐体接触面积	$2 * L * Tw$	mm^2	85232.00
Z	焊缝抗弯截面模量	$L(W_1 - W_3)/6/W_1$	mm^3	2507862.00
σ	护肩与罐体接触处的弯曲应力	$F * H / Z$	MPa	78.34

（续表）

型号	公告型号		产品名称	铝合金运油半挂车	
代号	释义	公式	单位	数值	
τ	护肩与罐体接触处的剪切应力	F/S	MPa	7.76	
σz	组合应力	sqrt（$\sigma_2 + \tau_2$）	MPa	78.72	
过程 2					
σ	护肩与罐体接触处的正应力	F/S	MPa	7.76	
判断标准					
过程 1					
	$\sigma z \leqslant \min$（$[\sigma]_1$，$[\sigma]_2$）			合格	
	$\tau \leqslant \min$（$[\tau]_1$，$[\tau]_2$）			合格	
过程 2					
	$\sigma \leqslant \min$（$[\sigma]_1$，$[\sigma]_2$）			合格	

表 5-8　侧倾稳定性计算

型号	公告型号	产品名称	铝合金运油半挂车	
代号	释义	公式	单位	数值
m_1	罐体部分总质量		kg	36950
m_2	车架部分总质量		kg	3050
F_3	满载时后三轴载荷		kg	23653.09844
D_1	前筒体（等效）外径/高度		mm	1915
D_2	后筒体（等效）外径/高度		mm	2065
HA	鞍座到筒体的距离		mm	70
Hx	悬挂高度		mm	460
DL	轮胎直径		mm	1080
n	轴数			3
H_1	罐体部分质心离地高度	$157 + Hx + HA +$（$DL + D_1$）$/2$	mm	2184.5
H_2	车架部分质心离地高度	（$Hx + DL$）$/2$	mm	770
HG	半挂车满载质心高度		m	2.08
Tni	第 i 组轮轴上车轮的名义轮距		m	1.84
MA	并装轮胎宽度		m	0.279
Ti	第 i 组车轴组的理论抗倾轮距	sqrt（$Ti_2 + MA_2$）	m	1.86
$FGvi$	着地点的轮胎垂直方向线性刚度		kN/m	5500

（续表）

型号	公告型号	产品名称	铝合金运油半挂车	
代号	释义	公式	单位	数值
$CDGi$	悬挂装置侧倾刚度	$FGvi * Ti_2/2$	kN.m/rad	9524.46275
HN	簧上重量重心的高度	$(Hx+DL)/2/1000$	m	0.77
mi	着地点悬挂滚动轴线名义高度		m	0.724
$CDGMi$	着地点计入地面倾斜作用的等效的侧倾刚度	$CDGi * [HN/(HN-mi)]^2$	m	3465896.18
$FRVi$	着地点的轮胎垂直方向线性刚度为		kN/m	10000
$CDRi$	轮胎侧倾刚度	$FRvi * Ti_2/2$		17317.205
$CDRESi$	着地点的复合侧倾刚度	$CDGMi * CDRi/(CDGMi+CDRi)$	kN.m/rad	17231.11048
Ai	单个悬架装置负载	F_3/n	KN	78.84
φi	轮子离地时虚拟车辆侧倾角度	$Ai * Ti/2/CDRESi$	rad	0.00
Ak	牵引销座上载重		KN	163.47
AT	车辆总重	$(m_1+m_2) * 9.8/1000$	KN	392.00
UT	悬挂总重（车轴、轮胎、轮毂）		KN	24.60
TK	理论抗倾轮距			1.86
$CDRESk$	牵引销的侧倾刚度	$4 * Ak$		653.88
TT	有效轮距		m	1.86
$CDREST$	总侧倾刚度		kN.m/rad	52347.21
由于该罐式半挂车各桥平均负载，且各悬挂装置的载重、轮距等参数近似相同，所以每个着地点车轮离地时的虚拟车辆侧倾角度也相同。				
AM	带有最低 0 值的悬架装置的车轴载荷	F_3/n	kN	78.84
UM	带有最低 0 值的悬架装置的簧下质量	UT/n	kN	8.20
TM	带有最低 0 值的悬架装置的轮距	TK	m	1.86
$CDRESM$	带有最低 0 值的悬架装置的侧倾刚度悬架装置的有效刚度系数	$CDGi$	kN.m/rad	9524.46
FE	悬架装置的有效刚度系数	$CDRESM/CDREST$		0.18
qM	第一个轮子离地时的侧向加速度与重力向加速度的比值	$\dfrac{A_R \times T_R}{2 \times \left[(F_r \times A_r \times H_C) + \dfrac{((A_r-U_r) \times F_E \times H_C)^2}{C_{DSESN} - (A_r \times F_E \times H_C)} \right]}$		0.49

（续表）

型号	公告型号		产品名称	铝合金运油半挂车	
代号	释义	公式	单位	数值	
qT	理论上翻转时侧向加速度与重力向加速度的比值的最大理想值	$\dfrac{A_R \times T_R}{2 \times \left[(A_r \times H_C) + \dfrac{((A_r - U_r) \times H_C)^2}{C_{DSESN} - (A_r \times H_C)} \right]}$		0.45	
qC	修正的侧向加速度与重力向加速度的比值	$qT - (qT - qM) * AM/AT$		0.45714542	
a	侧稳定角	$\arctan qC$	°	24.56729277	
判断标准					
$a \geqslant 23°$				合格	

表 5 - 9　罐体容积计算

型号	公告型号		产品名称	铝合金运油半挂车	
代号	释义	公式	单位	数值	备注
	车辆类型			半挂车	
	罐体截面形状			矩圆形	
D_1	前筒体（等效）外径		mm	/	
D_2	后筒体（等效）外径		mm	/	
δ_1	筒体厚度		mm	6	
S_1	前封头截面积		mm²	3652002	
S_2	后封头截面积		mm²	4103531	
H_1	前封头深度		mm	180	
H_2	后封头深度		mm	180	
L_1	前筒体长度		mm	2960	
L_2	后筒体长度		mm	6480	

（续表）

型号	公告型号		产品名称	铝合金运油半挂车	
代号	释义	公式	单位	数值	备注
L_3	鹅颈长度		mm	1100	
V_1	前封头容积	$0.6 * S_1 * H_1$	m^3	0.39	
V_2	后封头容积	$0.6 * S_2 * H_2$	m^3	0.44	
V_3	鹅颈容积	$(S_1 + S_2) * L_3 / 2$	m^3	4.27	
V_4	前筒体容积	$S_1 * L_1$	m^3	10.81	
V_5	后筒体容积	$S_2 * L_2$	m^3	26.59	
V	罐体容积	$V_1 + V_2 + V_3 + V_4 + V_5$	m^3	42.50	

第6章

危险品罐式车的生产制造与检验

6.1　危险品罐式车制造的工艺流程

危险品罐式车制造的工艺流程主要包括罐体总成制作、车架制作、筒体组焊、涂装以及管道系统、行走机构及附件装配等。危险品罐式车制造的工艺流程如图 6-1 所示。

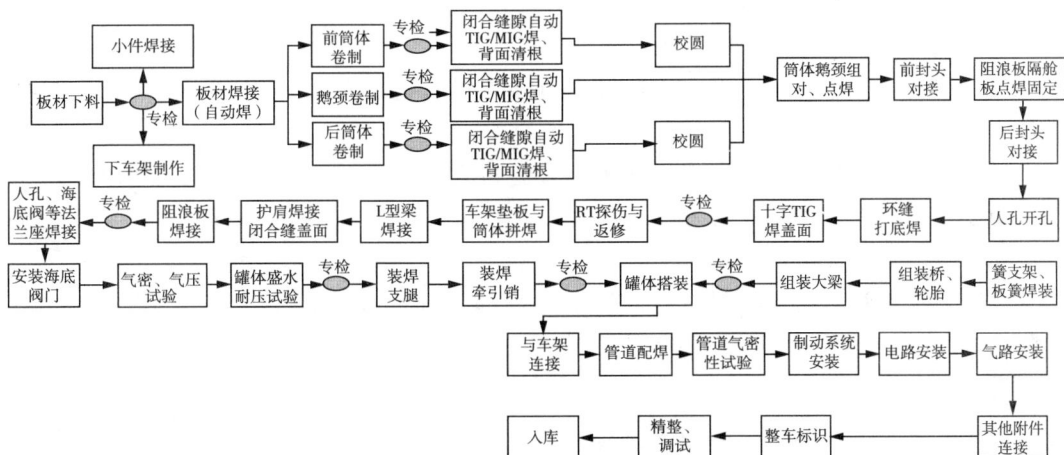

图 6-1　危险品罐式车制造的工艺流程

罐车筒体主要由筒体、封头、阻浪板、鹅颈等构成。各总成制作完成后,对阻浪板进行定位焊接,打开人孔以后进行封头定位并焊接,最后进行筒体及附件焊接,操作流程简要概述如下。

6.1.1　封头、阻浪板制作流程

(1) 下料:首先按照图纸选取合适板材,通过剪板机准确下料,下料公差按图纸要求。

(2) 拼板:通过 TIG 或 MIG 焊接方式,使用拼板自动焊设备将之前所下板料按要

求焊接，采用单面焊双面成型焊接工艺，并增加引、收弧板。

（3）胀型：将各板材分别用胀型机胀型至图纸要求尺寸时，停止胀型作业并保压15 min，拼板焊缝正面朝上，保证焊缝水平。

（4）数控激光切割：将胀型后的工件运至激光切割机台面，用激光切割机准确切割，焊缝与切割机轨道保持平行。

（5）旋边：首先将切割烟尘清理干净，将焊缝打磨平整，然后将工件放置于旋边机上，并按图纸要求对封头进行旋边，保证工件的长短轴和周长尺寸满足图纸要求，并检验工件平面度是否符合要求，合格后转入下一道工序。

（6）加强筋焊接：使用焊接机器人对封头、阻浪板加强筋进行焊接。

6.1.2 筒体卷制、焊接流程

（1）拼板焊：通过 TIG 或 MIG 焊接方式，使用拼板自动焊接设备将之前所下板料按要求进行焊接，采用单面焊双面成型焊接工艺，并增加引、收弧板。

（2）卷板：首先将拼板自动焊完成后的工件用翻板机翻转，保证拼板焊焊缝朝向外侧，开始卷板作业。进料时，使平板圆弧中心线与卷板机辊轴中心线平行，根据图纸中的筒体截面圆弧尺寸要求，控制上辊位移量，来回滚动卷制后，用 R 弧靠模检测至符合图纸要求。卷板完成后对闭合缝进行点焊固定，并将卷制好的工件吊运至罐体拼接台上，测量其周长并记录。

（3）闭合缝焊接：通过 TIG 或 MIG 焊接方式，将卷制后的焊件，采用单面焊双面成型焊接工艺，并增加引、收弧板。

（4）组对：在组对工装平台上，将三节筒体沿环缝部位点焊固定，并确保对接错边量≤1 mm。

（5）阻浪板点焊、定位：将阻浪板进行定位划线后塞装至筒体内侧，要求阻浪板上下中心线与筒体上下、左右中心线对正，误差≤2 mm，阻浪板垂直放置，然后间隔点焊固定。

（6）封头点焊定位：将封头与筒体沿环缝部位进行对接点焊固定，严格控制焊缝间隙在 2~3 mm 范围，点焊前清理焊缝及焊缝两侧氧化层、灰尘等杂质，并确保对接错边量≤1 mm。

（7）环缝焊接：使用环缝自动焊接专机，通过 TIG 或 MIG 焊接方式进行环缝焊接，确保焊缝成型符合技术要求。

（8）无损检测：按照工艺要求，使用 RT 射线探伤方式，对环缝进行无损检测。

（9）罐架合并：将无损检测合格后的罐体焊装在变位机上，先后进行横、纵梁和垫板点焊定位，确保罐体与车架中心线对齐，合格后对加强板等附件进行点焊固定。

（10）护肩组对：按图纸要求分别对护肩、管道、人孔法兰等部位予以点焊固定。

（11）纵缝焊接：使用纵缝焊接专机对包括护肩外部、纵梁垫板外部、副车架外部进行纵缝自动焊接，最后对筒体闭合缝进行自动焊接，确保焊缝成型符合技术要求。

（12）罐内焊接：采用手工焊接方式，陆续完成阻浪板、过油孔加强圈、清洁环、内爬梯、封头加强筋等工件的焊接。

（13）罐外焊接：采用手工焊接方式，陆续完成护肩与护肩封板、横纵梁垫板、副车架与加强板、斜撑与斜撑垫板等部位的焊接作业。然后完成附件部分焊接，包括油气回收管路及法兰、边板通气阀法兰、海底阀法兰、人孔座圈、升降支腿座、握手盒、落水管接头及支架、呼吸阀法兰、侧标灯支架、示廓灯支架、防滑网、活动护栏底座等。

（14）气密性试验：按照工艺要求，使用气密性工装，陆续完成罐体气密性试验、阻浪板气密性试验及管道气密性试验，确保密封性符合技术要求。

6.2　危险品罐式车生产加工设备简介

6.2.1　拼板焊专机设备

拼板自助焊可以实现单面焊双面成型，焊后不用二次加工，主要用于罐式车筒体部分两板材的拼对及焊接，可以根据不同的工件材质配备不同型号的焊接电源，满足不同材质的板材焊接。专机配备专门的焊接控制盒，可以控制 TIG 焊的整个焊接过程，通过 LCD 显示屏、按钮、编码器可以对焊接循环中的参数进行编程，在焊接过程中随时对参数进行修改并显示实时值。部分拼板自动焊机可同时匹配两套焊接电源、控制器及焊接专机，可实现双机头同时焊接，大大提高焊接工作效率。为了保证焊接质量，在焊接过程中尤其要注意焊接衬槽清洁度、环境风速、高纯氩气气体浓度及焊接电流电压参数的选择。拼板焊设备如图 6-2 所示。

图 6-2　拼板焊设备

6.2.2　铝合金龙门焊专机

铝合金龙门焊专机主要用于罐式车筒体环焊缝、筒体纵焊缝、垫板纵焊缝及副车架纵焊缝的盖面 MIG 焊接。设备采用一元化脉冲程序进行调节，只设一个电流调节按钮，调节焊接电流后，控制系统自动选定与该电流匹配的电弧电压，通常都能满足焊接要求，操作人员只需要根据焊缝形状、熔合情况及飞溅大小，修正一下电弧电压就能达到最优效果。在正常生产的过程中，设备轨道长度至少需要 16 m 以上，以满足长罐体的较长纵焊缝的一次性焊接。一般情况下，为了提高焊接盖面外观质量，首先需要以人工焊接打底，其次通过焊接来保护气体的纯度。因此，操作工的熟练度是影响焊接质量的重要因素。龙门焊专机如图 6-3 所示。

图 6-3　龙门焊专机

6.2.3　十字 TIG 焊专机

十字 TIG 焊专机适用于多种规则罐体和不规则罐体的环缝自动焊接盖面，尤其是铝合金材质的环焊缝。异形罐体 TIG 自动焊接机采用先进的 PLC 可编程控制技术、微电子及变频技术，使直线环缝焊接一次成型，焊缝美观，焊接质量可靠，具有生产效率高、操作简单方便、容易掌握等优点。十字 TIG 焊专机有助于提高效率，确保批量生产过程中焊接质量的稳定性，改善操作环境，主要用于铝罐体外环缝的焊接。根据技术方案的不同，可焊接搭接焊缝或对接纵缝。部分设备厂家生产的十字 TIG 焊专机，也可实现纵缝的 TIG 盖面。十字 TIG 焊专机如图 6-4 所示。

图 6-4　十字 TIG 焊专机

6.2.4　滚轮架

滚轮架主要用于罐式车筒体的焊接、装配等作业过程中的辅助工序，还可与其他工装配合，进行锥体、分段不等径回转体的装配和焊接作业。焊接滚轮架可根据筒体直径大小自行调节，其驱动采用摆线针轮减速机方式或蜗轮蜗杆减速机方式，用双电机驱动。根据罐体材质的差异以及现场实际需求，可选择购买胶轮的形式，胶轮可有效改善对铝合金材料表面的划伤问题;该设备也可与其他设备联动控制,实现罐体旋转速度的均衡,保证焊接速度的稳定。不同厚度、不同材质密度的筒体自重差异较大,因此,在选择设备型号时,要注意滚轮架的载重吨位。

6.2.5　喷砂室

涂装车间喷砂室在前处理工位,主要用于去除工件表面的锈蚀、焊渣、氧化皮、油污等,使其露出均匀一致的金属本色,保证表面清洁度,提高零部件表面与涂料的结合力。喷砂室主要由室体、集斗、斗式提升机、丸砂分离器、螺旋输送机、储丸斗、喷砂机、检修平台、除丸尘系统、电气控制系统等组成。喷砂开始时,喷砂室外的空气经安装在喷砂室顶部的分散送风消音板流入室内,把室内灰尘、清理物、砂粒等物质带入吸砂地板,经螺旋输送器及斗式提升机送入分选器,由分选器将砂子、碎砂、灰尘及其他废物分开,再经除尘设备除尘后,灰尘流入垃圾桶,洁净空气经风机排入大气。喷砂工件由人工台车送入喷砂室,关闭喷砂室大门,由操作工人穿上喷砂防护服,遥控打开喷枪进行喷砂。

6.2.6　喷漆室

涂装作业主要在喷漆室内进行。喷漆室是主要为专用车工件表面以及内部油漆的喷涂作业场所,同时收集喷涂漆雾,达标排放,减少空气污染。该设备为水旋喷漆室,由室体、空气净化装置、地板格栅、空调送风机组、排风系统、照明装置、漆雾处理装置、水循环系统、控制系统、三维工作台、消防报警系统以及喷具等组成。

6.2.7　烘干室

漆膜干燥主要在烘干室内进行。烘干室供专用车零部件喷漆后烘干使用,通过加热,提供 800 ℃循环热风,干燥漆膜。烘干室主要由室体、室内风管、平台、热风循环系统和废气焚烧系统等部件组成。

6.2.8　打磨室

打磨室主要满足专用车工件表面刮腻子、打磨需要。打磨室为干式结构,主要包括室体、过滤、照明、排风、除尘等部分。洁净空气经过滤系统过滤后由顶部进入打磨室内,在工件周围形成风幕。打磨室采用上部自然进风下侧抽风的方式,使工作中产生的粉尘在风速的作用下随气流迅速下降,通过格栅进入地坑中的板式过滤装置中,收集处理后,洁净的空气经排风系统送入大气,保证打磨时无粉尘飞扬。

6.2.9　喷枪

涂装车间的喷涂设备主要是重力式空气喷枪,而零部件主要采用手工喷涂。空气喷枪使用压缩空气将雾化涂料施涂到表面上,喷涂的原理与雾化器的原理一样。当压缩空气从风帽的气孔中排出时,在涂料喷嘴处形成一个负压,该负压对杯中的涂料施加吸力,使涂料雾化喷出。

6.2.10 激光切割机

激光切割机用于钢板、铝板、不锈钢板等金属板材的外轮廓、内轮廓等结构的切割加工，如图6-5所示。激光切割机的加工质量好、热变形小，切割面光滑、平整，不用进行二次抛光处理。

图6-5 激光切割机

激光切割机的原理是将从激光器发射出的激光，经光路系统，聚焦成高功率密度的激光束。激光束照射到工件表面，使工件达到熔点或沸点，同时，与光束同轴的高压气体将熔化或气化的金属吹走。随着光束与工件相对位置的移动，最终使材料形成切缝，从而达到切割的目的。

激光切割加工是用不可见的光束代替了传统的机械刀，具有精度高，切割快速，不受待切割工件形状的限制，切口平滑，加工成本低等特点。激光刀头的机械部分与工件无接触，在工作中不会对工件表面造成划伤。另外，激光切割机采用数控编程，可加工任意的平面。

6.2.11 锯床

锯床主要用于锯切各类型材和管材等金属材料，如图6-6所示。锯床主要由床身、

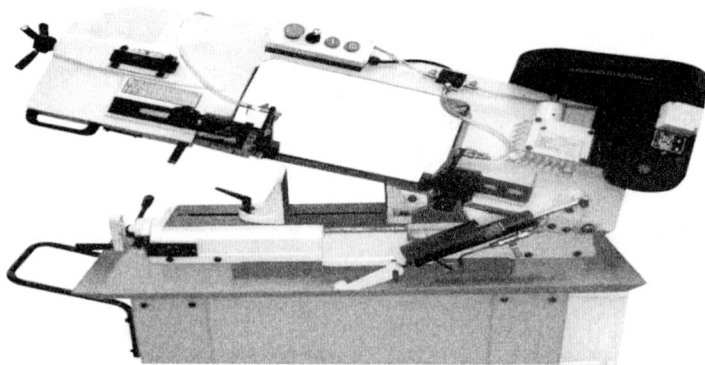

图6-6 锯床

锯架、承料台、夹料钳、主传动系统、液压传动系统、电器系统等构成。液压传动系统由泵、阀、油缸、油箱、管路等元辅件组成，在电气控制下完成锯梁的升降、工件的夹紧。通过调速阀可实行进给速度的无级调速，达到对不同材质工件的锯切需要。电气控制系统由电气箱、控制箱、接线盒、行程开关、电磁铁等组成，用来控制锯条回转、锯梁升降、工件夹紧等，使之按一定的工作程序来实现正常的切削循环。

6.2.12　折弯机

折弯机用于钢铁、不锈钢、铝合金等各类金属板材的折弯成形，如图 6-7 所示，其原理是将上、下模分别固定于折床的上、下工作台，利用液压驱动工作台的相对运动，结合上、下模的形状，实现对板材的折弯成型。

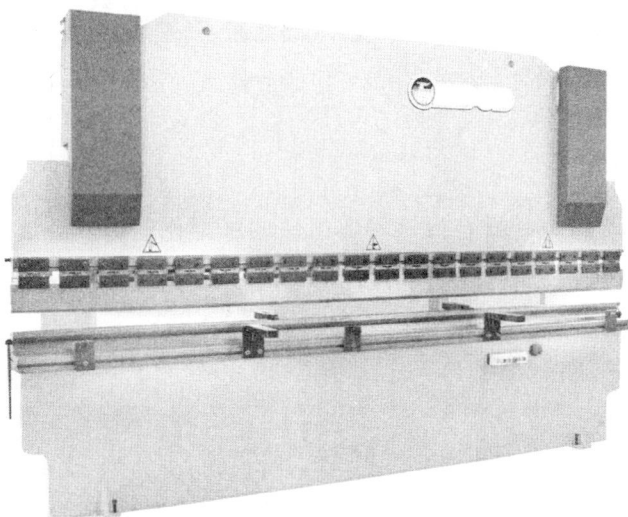

图 6-7　折弯机

折弯机主要由支架、工作台和夹紧板组成。工作台置于支架上，由底座和压板构成，底座通过铰链与夹紧板相连。底座由座壳、线圈和盖板组成，线圈置于座壳的凹陷内，凹陷顶部覆有盖板。线圈通电后对压板产生引力，从而实现对压板和底座之间板料的夹持。折弯机可以通过更换折弯机模具来满足各种工件的加工需求。

6.2.13　弯管机

弯管机适用于钢管、不锈钢管、铝管等管类可塑性材料的弯曲成型加工，如图 6-8 所示。

弯管机由电动油泵、高压油管、快速接头、工作油缸、柱塞、弯管部件（包括上花板、下花板、模头、辊轴）组成。弯管机的工作原理是由电动油泵输出高压油，经高压油管送入工作油缸内，推动工作油缸内柱塞产生推力，使弯管部件作用于管类材料使其变形。

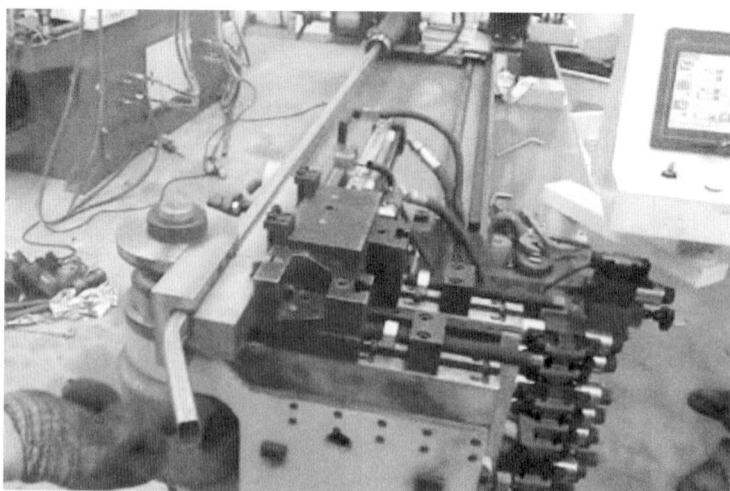

图 6-8 弯管机

6.2.14 胀型机

胀型机主要用于封头、隔仓板等蝶形工件的胀型作业，可满足碳钢、不锈钢、铝合金等不同材质的加工，如图 6-9 所示。

图 6-9 胀型机

胀型机需配合压边模具，利用液压系统为液压缸运动提供动力，推动模具压紧工件，同时利用液压系统控制胀型机构充水，利用水压使封头、隔仓板达到相应高度，实现停水、保压、回水、充气，完成蝶形工件的加工。胀型机由上平台、下平台、连接立柱、液压系统、供水系统等部分组成；设备一般安装 20 余条液压缸，液压缸采用倒吊的方式安装在上平台上，上平台应安装导向条，液压缸可在导向条内自由移动、定位，以适应多种封头的形状；通过调整传感器的位置设定高度，胀形达到预先设定的高度后，自动控制停水。通过调节限位可实现不同高度的蝶形工件加工，同时通过配置不同的模具满足多种封头截面形状，如圆形、椭圆形、方圆形等。

6.2.15　旋边机

旋边机主要用于封头、隔仓板等工件折边结构的加工成型，如图 6-10 所示。利用液压仿形随动跟踪系统，在工件旋转的过程中，使设备机头跟随封头形状摆动，同时旋边机头上下旋边轮夹紧工件，逐步上翻，实现封头、隔仓板等工件折边结构的加工，适用于各种圆形、椭圆形封头的旋边。根据车型差异及生产加工工艺的不同，对隔仓板的旋边工艺有所不同，旋边机可分为有模式旋边机与无模式旋边机。有模式旋边机需要根据隔仓板的截面形状制作不同的旋切模具，无模式则不需要。

图 6-10　旋边机

旋边机由液压系统、真空系统、仿形阀等构成。液压系统用于转动工件，并保证适当的夹紧力；真空系统用于吸紧工件，保证在旋边的过程中工件不移动；仿形阀用于控制旋边过程机头的摆动，保证折边各处的高度一致。

6.2.16　变位机

变位机用于罐式车筒体焊接时旋转变换位置，为双边驱动，具有扭矩大、自锁性好、安全性高、体积小、操作简单方便、设备特性易掌握等特点，适用于多种重型规则工件的旋转作业。设备通过"一字型"工装，与筒体上提前焊接的工艺连接板，通过螺栓连接，实现筒体的固定。变位机可设置与异型罐体环缝自动焊机连接的数据接口，以便于生产线的流动，提高作业效率。

6.3　危险品罐式车过程质量控制

6.3.1　下料过程质量控制

（1）筒体下料

激光切割下料参数调整：气压 16 MPa，速度 4500 mm/min，控制尺寸偏差，宽度公差（-2，2）mm，边线长度公差（-3，3）mm，下中心点位置偏离（-3，3）mm。

（2）封头下料

胀型时在板材四个中心位置用油漆笔描出中心线，中心线长度不得超过胀形部分；胀型完成后要保压 8～10 min；高度误差（-5，10）mm。激光切割时保证各方向切割圆与胀形压痕处的距离偏差≤2 mm，并在调运的过程中使用专用托架，防止磕碰划伤。旋边时将旋边机下部滚轮紧贴旋边模，调整旋边机压入深度，启动旋边机，卷尺测量长轴或短轴边缘距另一端压痕的长度为旋边后直径，确保无误后开始旋边。根据旋边高度逐步抬高旋边机头滚轮压入深度，进行分步旋边；利用卷尺测量长、宽、翻边高度，用皮尺测量周长，封头长、宽尺寸公差（0，2）mm，周长公差（0，5）mm；使用橡皮锤或牛皮锤对平面度进行校正，平面度≤5 mm。

（3）车架下料

激光切割利用自动寻边功能，板材校直，根据零部件坡度调整枪距，模拟走刀路径，测量切割偏差在 0～3 mm；工件冷却后清除表面熔渣，切割面质量按 JB/T100 45.3 要求进行。根据图纸及《工艺路径表》检查来料规格；根据《板料折弯力表》选择合适折弯下模口，结合零部件宽度，选择合适折弯机并调整模口；按照图纸要求在设备上输入折弯参数；首件折弯件需先在板材上划出折弯线，进行试压，检查上模是否与所划折弯线重合，若不重合及时调整挡料板，保证宽度误差≤2 mm、高度误差≤1 mm。纵梁锯切下料，根据所需切割件的尺寸选择合适型材、折弯件的规格，并用行车吊至锯床边，根据零部件的尺寸调整锯架的上升高度，根据《切削参数性能参考表》选择锯床合适的进给速度，拧紧、锁紧手柄，夹紧零部件，并推上带锯条夹持手柄，启动开关，开始切削工件。切削完成后清除工件上的毛刺、棱边，并擦除表面水渍，根据图纸尺寸对首件进行自检，保证长度误差≤2 mm。然后将工件运送至钻孔工位，根据图纸尺寸在工作平台上对需钻孔的位置进行划线，并在两次划线交点处用样冲打点。打点完成后对孔位进行复核，确认无误后将划好线的零部件在钻床的工作台上用夹具夹紧，调整钻头对准样点，先试钻，确定中心后再开始钻孔；顺序钻各孔，钻削后擦除表面水渍，并用手电钻配合锪钻去除毛刺。

（4）阻浪板下料

胀型时在板材 4 个中心位置用油漆笔描中心线，中心线长度不得超过胀形部分；胀型完成后要保压 8～10 min，保持高度误差（-5，10）mm。激光切割保证各方向切割圆与胀形压痕处的距离偏差≤2 mm，并在调运过程使用专用托架，防止磕碰划伤。旋边时将旋边机下部滚轮紧贴旋边模，调整旋边机压入深度，启动旋边机，卷尺测量长轴或短轴边缘距另一端压痕胀形为旋边后直径，确保无误后开始旋边。根据旋边高度逐步抬高旋边机头滚轮压入深度，进行分步旋边；利用卷尺测量长、宽、翻边高度，用皮尺测量周长，隔仓板和阻浪板长、宽尺寸公差（-1，2）mm，周长（-3，5）mm，使用橡皮锤或牛皮锤对平面度进行校正，平面度≤5 mm。使用专用吊具，轻拿轻放，防止磕碰影响外观质量，按照数控等离子人孔、过油孔切割痕迹进行手工等离子切割，保证切割余量≥2 mm，切割后将溶渣清理干净，并将边缘多余部位打磨光滑。装夹固定好阻浪板，操作人孔翻边机使其翻边机构插入人孔处，保持翻边机与人孔处于垂直状态后开始翻边作业。翻边后检查翻边高度是否一致，如出现明显偏差，则打磨修复或采用翻边工装进行校正。使用过油孔专用翻边模具翻边，翻边时应保证过油孔中心与上模中心对齐。

（5）其他附件下料

钢板下料时，应优先考虑使用剪切下料，先将不规则的端头切掉。用剪板机下料时，剪刀必须锋利，并根据下料板厚度调整好剪刃间隙，根据剪板的尺寸调节后挡料的位置，先进行试剪，根据偏差情况调整补偿量，保证工件尺寸长宽偏差≤1 mm。锯床用于切割扁钢、圆钢和各种型钢。根据所需切割件的尺寸选择合适型材、折弯件的规格，并用行车吊至锯床边，根据零部件的切削角度选择合适的锯床，根据零部件的尺寸调整锯架的上升高度，根据《切削参数性能参考表》选择锯床合适的进给速度，根据被锯削工件的直径，正确地定好左导向臂的位置，角度切削时需调整导向臂的角度，拧紧、锁紧手柄，夹紧零部件，并推上带锯条夹持手柄；启动开关或手柄，开始切削工件，切削完成后清除工件上的毛刺、棱边，保证长度误差≤2 mm。钻孔加工时根据孔的大小选择合适的钻头，根据图纸尺寸在工作平台上对需钻孔的零部件进行划线，并在两次划线交点处用样冲打点，将划好线的零部件在钻床的工作台上用夹具夹紧，确保钻孔过程中工件稳定。对照设备上的参数表选择合适的档位，调整转速与进给量，调整钻头对准样点，先试钻，确定中心后再开始钻孔。钻盲孔时，事先要按钻孔的深度调整好定位块；螺纹底孔钻完后必须倒角。顺序钻各孔，并去除毛刺和水渍。根据图纸及《工艺路径表》检查来料规格；根据《板料折弯力表》选择合适折弯下模口，下模开口尺寸一般选择折弯件板厚的 8～10 倍的数值，结合零部件宽度，选择合适折弯机并调整模口；按照图纸要求在设备上输入折弯参数；首件折弯件需先在板材上划出折弯线，进行试压，检查上模是否与所划折弯线重合，若不重合需及时调整挡料板，保证宽度误差≤2 mm、高度误差≤1 mm。

6.3.2　焊接过程质量控制

（1）罐体拼板焊接

常用材料镁铝合金 5182 铝板 6 mm 的焊接参数（带坡口）：试气 10 s，调节流量至 22～25 L/min；钨极距工件 2 mm，焊接速度 225±5 mm/min，电压 17±0.5 V，大电流 420±5 A，小电流 325±10 A，清理电流 290±10 A（1♯程序）。镁铝合金 5454 铝板 5 mm 的参数：试气 10 s，调节流量至 22～25 L/min；钨极距工件 2 mm，焊接速度 225±5 mm/min，电压 16.5±0.5 V，大电流 400±10 A，小电流为 270±10 A，清理电流 260±10 A（5♯程序）。镁铝合金 5454 铝板 6 mm 的参数：试气 10 s，调节流量至 22～25 L/min；钨极距工件 2 mm，焊接速度 225±5 mm/min，电压 17.3±0.5 V，大电流 450±10 A，小电流 360±10 A，清理电流 290±10 A（6♯程序）。

（2）筒体组对

将拼板完成的后筒与鹅颈，在塞罐工装平台放置好，调整后筒与鹅颈上、中心线对正；分别测量前、后筒体与鹅颈周长，保证误差在±3 mm。3 人一组，分别交错从底部中间向两边段焊鹅颈与筒体。拼装时注意封头的中心与罐体中心的重合对正，采用外力进行铆焊时应注意对罐体进行保护，必要时应加垫橡胶皮，保证罐体表面无磕碰划伤，对接间隙 3～4 mm；段焊 30（150）mm，错边量＜1 mm。

（3）打底焊接

打底采用氩弧焊双枪打底工艺：焊接时需 2 人同时进行，在焊接位置进行"横焊"，罐外的焊工所持焊枪加焊丝，罐内的焊工所持焊枪无需加焊丝。打底前处理：用气动碗型不锈钢丝刷对罐内、外焊缝及焊缝两侧 4～5 mm 的油污进行清理，并用气动角磨机、合金锯片对点焊部分进行清根，为防止焊点撕开，可在两个焊点间采用双枪打底的方式进行第二次点焊，点焊长度约 30 mm（清理一段，焊一段）。封头组对第一次点焊焊缝，需全部切开。清根和清理完成后用气管将焊道内的铝屑吹干净，打底过程中遇到第二次点焊的焊点，需使用合金锯片开深度为 2～3 mm 的坡口，再进行焊接。内部焊接电流为 110～150 A，外部焊接电流为 130～170 A，氩气流量为 10～15 L/min，焊接速度为 20～30 cm/min，打底厚度不低于 4 mm。

（4）罐架合并

使用施工棉线和粉笔，按照图纸副车架外侧的定位线从中心线向两边分，弹线。用铅垂线吊线，保证封头的上下中心点在铅垂线上。按照划线的位置将横纵梁垫板与罐体点焊，使用行车和吊带将副车架吊运至罐顶，按图纸和定位线将副车架点焊到横纵梁垫板上。用水平尺测量副车架两纵梁的水平度，保证副车架两纵梁水平度 ≤3 mm。通过采用罐内用千斤顶、罐外用收紧带的方式，调整副车架两纵梁、横梁与罐体的间隙 ≤3 mm，副车架的中心与罐体下中心线 ≤2 mm。焊接：副车架内侧全部采用段焊，采取交叉段焊 100（100）mm，副车架外侧采取龙门自动焊焊接，横纵梁垫板对接部分不焊接。

（5）塞罐

由 2 人一组将塞罐支撑工装抬进罐体后筒体中间位置，将塞罐工装中心与罐底中心对齐，调节工装上可调节螺栓，将罐体内壁与工装贴合，然后 4 人一组操作，手动将第一块阻浪板从后筒体搬运到筒体已划好线的定位线，将阻浪板中心与筒体中心对齐无缝后，点焊定位阻浪板，阻浪板下中心线与筒体下中心线对正误差 ≤2 mm。罐壳与阻浪板间隙 ＜1 mm，间隙不符合要求时，可用无反弹安装锤在罐体外侧校正间隙。同时检查阻浪板与筒体是否对正，若未对正，则使用无反弹安装锤进行矫正，同时注意铝板表面不得有磕碰。

（6）罐内焊接

焊脚高度为 4～5 mm，焊接电压为 21.6～22.2 V，焊接电流为 168～188 A，阻浪板与罐体共有三道焊缝，三道焊缝全部满焊。点焊位置如果有明显焊接缺陷，需用合金锯片去除焊缝，重新焊接；焊接时务必保证焊道周围 100～150 mm 的蓝膜已撕除。

（7）环缝盖面

环缝盖面采用异形罐体 TIG 自动焊接机盖面，盖面前处理：先对打底的焊缝进行检查，焊缝打底厚度如 ＜4 mm，则进行氩弧焊填充，保证焊缝厚度为 4 mm。对打底的焊缝使用气动角磨机匹配合金锯片清根，清根深度为 1～2 mm，清根宽度为 3～4 mm。清根后，用碗型不锈钢丝刷打磨焊缝两侧 3～4 mm 的焊缝。盖面前准备工作：①将罐体做好标记，正转一圈，观察罐体前后偏移量，反转一圈观察罐体前后偏移量，前后偏移量≤10 mm，则滚轮架可以使用。如不符合要求，则需对滚轮架进行调试。②通过调节滚轮架的转动和焊枪的升降，保证焊枪的滚轮刚碰到罐体时液晶显示屏上的滚动当前距离为235±5 mm即可（一般在两点钟方向）。调节好滚动当前距离后，启动自动旋转功能，注意观察枪头是否脱落，如不脱落即为正常。③检查气瓶压力是否充足，若压力低于1 MPa则对气体进行更换，防止焊接过程中气体出现中断；检查内部焊渣是否清理干净；检查钨极是否正常，若有损坏需更换；检查焊丝余量，保证盖面一周的焊丝充足。环缝盖面：调整焊枪的前后，保证钨极离罐体距离为10±1 mm。调出环缝盖面焊接程序，根据筒体材质不同，调整焊接参数，进行焊接。盖面前，要试机，在人孔处夹一块板材试异形罐体 TIG 自动焊接机。焊缝的起弧点和收弧点放在罐体的上部，收弧位置可离起弧点 10 mm 左右，盖面完成后此处使用手工氩弧焊焊接（使用脉冲）。盖面时注意观察焊缝的成形情况，适当调节焊接参数，调整焊枪左右保证焊枪始终在焊缝中间。焊后处理：出现对发黑、气孔、纹路不一致等情况的焊缝予以处理。保证焊缝表面无黑色杂质，且纹路一致。

（8）罐外焊接

焊接横梁垫板与筒体以及横梁垫板与横梁。对于同一位置的垫板与筒体、垫板与横梁错开段焊，段焊长度为 150（100）mm，段焊部位必须将点焊焊点盖住。满焊斜撑与垫板、垫板与筒体，焊脚高度为 4～5 mm，焊缝外观成型良好，焊接需打底并盖面，不允许出现焊瘤、裂纹等焊接缺陷。使用氩弧焊满焊油气回收外部、海底阀外部，焊缝外观成型美观，无裂纹等焊接缺陷。焊接人孔座圈外侧、护肩与封板拼接处、呼吸阀及油气回收外侧，其中、人孔座圈用气保焊。其余用氩弧焊焊接。若出现裂纹、焊瘤、漏焊等焊接缺陷需返工，要求外观成型较好。焊接加强三角板、内侧加强板，使用脉冲气保焊满焊（包括加强板塞孔处）。若出现裂纹、焊瘤、漏焊等焊接缺陷需返工。若铝合金表面有划痕，应用 80 目、120 目、220 目、320 目、600 目、800 目、1000 目、1500 目、2000 目砂纸依次打磨，然后涂抹金属搽亮膏，用棉布反复擦拭，直至铝合金表面无划痕（注：1000 目以内为水磨砂纸，1000 目以上为植绒砂纸）。焊接斜撑垫板圆弧段与筒体时，电流为 140～160 A、电压为 21～24 V，其余部分电流为 190～210 A、电压为 21.2～23.2 V、气流量为 15～20 L/min（可根据生产实际情况与个人操作进行调节）；氩弧焊时焊接电流为 180～250 A、气流量为 8～15 L/min（可根据生产实际情况调节）。

（9）气密试验

气密性实验应使用干燥洁净的压缩空气，温度应不低于 15 ℃，气压表量程 0.1 MPa，精度等级不低于 1.6 级；实验须在罐接管道、法兰、导流槽等压力元件焊接完毕后进行。气密实验时，应疏散非相关人员，安全员要现场监督。将一个人孔盖盲板安装好，另一个人孔使用人孔气密试验工装安装，并用法兰盲板堵住其余开孔法兰元件，从人孔气密试验工装缓慢充入压缩空气至实验压力 0.036 MPa，并保压10 min；检查期间压力应保持不变，不得采用加压的方式维持压力不变，也不得在筒体带压时，紧固螺栓或向受压元件施加外力；检查过程中，经肥皂液检查无漏气、无可见变形、无异常响声为合格。

6.3.3 涂装过程质量控制

（1）前处理

碳钢罐体及零部件表面除油除锈后进行喷砂处理，罐体表面喷丸除锈等级为 Sa 2.5，副车架以及其他一般零部件除锈等级为 Sa 2.0 以上，目测比对并在作业过程中适当调整作业方法，保证喷砂质量。

（2）涂装过程

碳钢罐车涂装后漆膜应均匀饱满，满足表 6-1 的质量要求。

表 6-1　涂装质量要求

漆面要求	光泽（Z）	1	≥85%	
	色差（Z）	2	$\Delta E \leqslant 3$	
	橘皮（Z）	3	轻微橘皮，无手感	
	附着力	4	≤1	
	漆膜硬度	5	≥H　摆杆硬度≥0.7	
	漆膜厚度（Z）	6	底漆	30～40 μm
			银粉漆	20～30 μm
			清漆	30～40 μm
	流挂（Z）	7	无流挂，无肥边	
	颗粒	8	在光照强度 800 lux，人员视力大于 1.0 情况下，距离车厢表面 1 m，直径≤0.9 mm 的颗粒每 dm² 不超过 1 个且颗粒间距＞60 mm	
	砂纸纹	9	无	
	抛光纹	10	无	
	裂纹（Z）	11	无	
	针孔（Z）	12	每 dm² 内针孔数≤1	
	缩孔/凹坑	13	每 dm² 内的缩孔、凹坑数均≤1	
	气泡（Z）	14	无	
	漆雾	15	无	
	露底（Z）	16	无	
	划痕	17	无	
	杂漆（Z）	18	无	
	抛光纹	19	无	

底漆喷涂前。除油除锈时，从前向后检查罐体油污处，用喷壶在油污处喷洒磷化液，并用抹布擦拭干净。对喷丸无法处理的位置用打磨机进行打磨并将表面清理干净，清理后不允许用手接触工件表面。除油除锈后及时转移到下一道工序，防止长时间放置产生锈蚀。

喷丸。自上而下进行喷丸作业，并尽量保持喷枪与底板夹角大于 45°，枪距（40～

70) cm，严禁枪口对人。先喷丸处理罐体上部，再处理罐体中部和下部，最后喷丸处理副车架。罐体表面喷丸除锈等级为 Sa 2.5，副车架以及其他一般零部件除锈等级为 Sa 2.0以上，进行目测比对并在作业过程中适当调整作业方法。喷丸结束关闭出砂阀。喷丸后不能用手触碰。

底漆喷涂。除尘时用压缩空气吹净罐体表面灰尘，工件表面必须无氧化皮、铁锈、油污等影响漆膜质量的杂物。铝合金半挂车封头要求对整个外表面进行打磨处理，打磨后刮腻子，打磨腻子后，再喷涂底漆。

喷涂。调节喷枪气压后对罐体面与面的结合部分（死角）进行预喷涂，死角部位如罐顶、护肩、挡油槽、蒸汽管道、护肩与挡油槽之间、罐体与管道之间以及副车架横纵梁等部位预喷涂后再整喷一遍。预喷涂依然喷涂不到的部位如蒸汽管道等，采用毛刷进行刷涂，保证罐体表面的所有部位均被油漆覆盖，无露底。第一遍喷涂后要先喷涂死角再进行整喷漆。喷涂过后不允许用手接触工件表面。喷漆后静置 0.5～2 h，再将罐体及零部件从面漆喷漆室转移至面漆烘干室。

烘干。开启烘干系统，烘干温度为（75±5）℃，热风循环固化，烘干时间（25±5）min。烘干过程中严禁触摸烘烤设备，以防烫伤。烘干后不能用手触摸。若采用自然风干，则参考以下标准：春季18 h以上、夏季12 h以上、秋季18 h以上、冬季20 h以上。当清漆彻底干透后，漆膜应达到漆膜厚度30～40 μm、漆膜硬度≥H、漆膜的附着力≤1的要求。罐体（供液车、运油车和洒水车）外表面漆膜总厚度为80～110 μm、污泥罐为60～80 μm。罐体内部如喷涂环氧石墨烯中层漆，则面漆漆膜厚度为20～30 μm，总漆膜厚度为40～60 μm，小件漆膜厚度为40～60 μm（底漆＋1种面漆）。碳钢罐车副车架外侧为漆膜厚度70～90 μm，副车架内侧为60～80 μm，软管箱和爬梯圆管等管型材漆膜厚度为30～50 μm。罐体内部漆膜总漆膜厚度：洗井液为40～60 μm，运油车为30～50 μm，水仓漆为30～50 μm，漆膜硬度≥H，漆膜的附着力≤1。罐体不同位置之间色差 ΔE≤3，且自然光下目视罐体不同位置无明显色差；要求罐体与驾驶室颜色一致的罐车，如驾驶室为素色漆，罐体与标准色板色差 ΔE≤3，且自然光下目视罐体与驾驶室之间无明显色差；如驾驶室为金属漆，罐体与标准色板色差 ΔE≤5，且自然光下目视罐体与驾驶室之间无明显色差。无橘皮、流挂、肥边、砂纸纹、气泡、露底、划痕及杂漆等缺陷，每平方分米针孔数≤1缩孔、凹坑数≤1。自检合格后报验，确认合格则后进入下一道工序。

6.3.4 装配过程质量控制

（1）海底阀气路检查

检查操纵箱内的油水分离器的气压是否大于 0.5 MPa，如果未达到，旋转油水分离器的旋钮使气压大于 0.5 MPa，而后再依次打开子控开关，海底阀打开，则证明其气路无问题；如果要求海底阀气路与制动系统联动，则在打开海底阀的情况下启动车辆，观察车辆是否前行，如无前行则功能实现。

（2）活动护栏的调试

若护栏升降是气动的，则打开气动升降按钮，检查活动护栏升降过程是否顺利、是否有卡滞、是否有异响；如果手动打开护栏，则需检查活动护栏升降过程是否顺利、是否有卡滞、是否有异响。

（3）电路的调试

打开电源开关，旋转调节驾驶室内的灯光开关至 1 档（位置灯档），检查侧方标志灯、后示廓灯、底盘组合尾灯是否正常工作。打开钥匙开关、踩刹车、挂倒挡、开双闪，查看底盘组合尾灯是否正常工作。

（4）盛水耐压试验

耐压试验前，罐体各连接部位的紧固件应当配备安全，紧固稳妥。为进行耐压试验二装配的临时受压原件应采取适当的措施，保证其安全性。对于多仓罐体，应逐仓进行试验或对相间的仓同时进行试验。耐压试验保压期间不得采用连续加压以维持试验压力不变，在试验过程中不得带压拧紧紧固件或对受压元件施加外力。耐压试验后所进行的返修，如返修深度大于罐体壁厚一半，应重新进行耐压试验。耐压试验时，应采用两个量程相同且经过校验的压力表。试验用压力表应安装在罐体的顶部，压力表的量程以试验压力的 2 倍为宜，具体而言，压力表的量程应大于或等于试验压力的 1.5 倍，且小于或等于试验压力的 4 倍。

（5）气路气密性检查

使用气密性直压式检漏仪连接半挂车储气筒上的测试接头，保证在 $\geqslant 750$ kPa 检测压力，气密性直压式检漏仪连接接头无泄漏，手刹解除和脚刹刹车状态，挂车黄色螺旋通气管没有和外接气源连接下，3 min 压降值应 $\leqslant 5$ kPa。

（6）制动性检测

要求当空载车速为 30 km/h 时进行紧急制动，制动距离不大于 9.5 m。

（7）行驶轨迹检测

使用牵引车牵引半挂车在平坦、干燥的路面上以 30 km/h 的速度直线行驶时，从后视镜观察半挂车车尾与牵引车横向偏移是否明显，挂车后轴中心相对于牵引车前轴中心的最大摆动幅度应 $\leqslant 110$ mm；直线行驶在平坦路面的汽车停车后，观察半挂车车尾与牵引车一轴的偏移幅度是否明显。若偏移幅度明显，需进行轴距调整。

（8）接地电阻检测

金属管路的任意两点间或任意一点到接地线末端，油罐内部导电部件上任意一点到拖地胶带末端的电阻不大于 5 Ω。

（9）泵送系统检测

泵送系统应符合下列规定：①平均无故障工作时间（T_b）不低于 60 h。②平均连续工作时间（T_c）不低于 4 h。③可靠性应不小于 92%。④泵送系统压力管路应能承受 1.5 倍泵出口的额定工作压力，保压 5 min 不应渗漏。⑤泵送系统应形成导静电通路，且不应有开路的孤立导体，车辆和装卸系统与储罐间也应形成导静电通路。

（10）安全附件性能试验

安全阀的开启压力不小于罐体设计压力的 1.05～1.1 倍时，取 1.1 倍，值为 0.0396 MPa；额定排放压力不大于设计压力的 1.2 倍，且不大于罐体的试验压力时，计算得 0.0432 MPa；回座压力不小于开启压力的 0.9 倍时，计算得 0.036 MPa。

（11）呼吸阀

装载易燃、易爆介质的罐体应设置呼吸阀，罐体的每一个分仓应至少设置一个排放系统和一个呼吸阀；分仓容积大于 12 m³，应至少设置 2 个呼吸阀；呼吸阀的最小通气直径应不小于 19 mm；易燃、易爆介质用呼吸阀时，应具有阻火功能呼吸阀试验要求，高于外界压力（正压）6～8 kPa 时开启，低于外界压力（负压）2～3 kPa 时开启。

（12）紧急切断装置

紧急切断装置的设置应尽可能在罐体的根部，不应兼作他用；远程控制系统的关闭操作装置应装在人员易于到达的位置；紧急切断阀正常情况下，应在 5 s 内闭止；紧急切断阀制成后，应经过耐压试验和气密性试验。

6.4　危险品罐式车检测设备简介

6.4.1　红外测距仪

红外测距仪亦称"红外光电测距仪"，如图 6-11 所示。以红外光为光源的相位式光电测距仪，通常采用砷化镓发光二极管为光源，其光强随注入的电信号变化而变化，故兼有光源和调制器的双重功能。电子线路逐步集成化，测距过程自动化，用于车间测量单车和半挂车的整体长宽高。

6.4.2　气密性检测仪

气密性检测仪如图 6-12 所示，主要用于采用气压制动的牵引车、半挂车、载货车、自卸车、汽车列车的制动系统气密性检测。该仪器利用压力或真空原理，对整车双回路制动系统管路的气密性进行检测。通过对管路注入预定气压，监测管路在特定气压下的泄漏量，判定管路的气密性情况。设备检漏接头可活动范围为周围 6 m，设备检漏方便快捷，可测试制动管路压力，检测的压降值会实时显示在屏幕上，便于直接观察比较，测试结果存入设备并可以以 EXCEL 文件的形式输出至 U 盘，方便后期查询。压力传感器精度为 0.1%F.S，核心器件显示分辨率为 0.1 Kpa。

图 6-11　红外测距仪　　　　　图 6-12　气密性检测仪

6.4.3 呼吸阀检测仪

呼吸阀检测仪是专门校验各类呼吸阀的精密仪器，如图 6-13 所示，具有体积小、重量轻、装卸方便等特性；适用范围广，从 DN 25 至 DN 200 各类呼吸阀都可测试核准。呼吸阀检测仪由真空泵、空气泵、检测面板、控制阀门和检测平台组成，利用真空泵得到负压压力来检测呼吸阀吸入开启压力，利用空气泵得到正压压力来检测呼吸阀的呼出开启压力，从而检出呼吸阀的吸入、呼出的压力值是否符合标准（目前为国标 SY/T 0511—1996 标准），判定呼吸阀是否合格。呼吸阀的夹紧方式为气动夹紧。

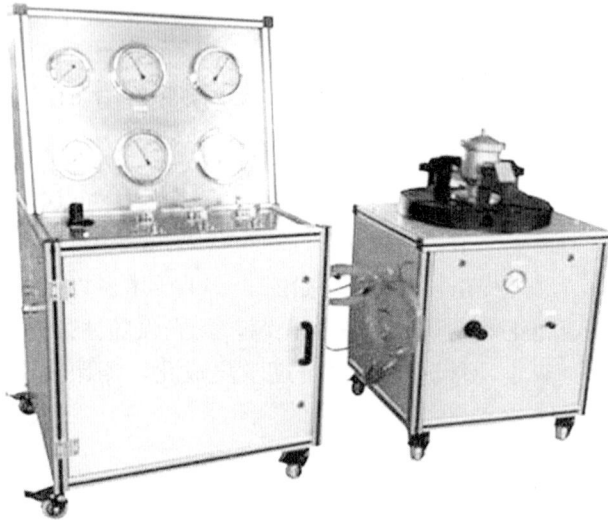

图 6-13　呼吸阀检测仪

6.4.4 五轮仪

五轮仪采用特殊的大面积硅光电器件作探测器，如图 6-14 所示。使用时将仪器安装在汽车外侧，镜头对准用灯光照明的地面。汽车行驶时，地面的杂乱花纹经光学系统成像，并扫描过硅光电器件，经过光电转换和空间滤波后，传感器仅输出一个随机窄带正弦波信号，信号的频率与车行速度成正比。

6.4.5 X 射线探测器

X 射线探测器是一种将 X 射线能量转换为可供记录的电信号的装置，如图 6-15 所示。该仪器在接收射线照射时，产生与辐射强度成正比的电信号。通常探测器所接受到的射线信号的强弱，取决于该部位的人体截面内组织的密度。密度高的组织，例如骨骼，吸收的 X 射线较多，探测器接收到的信号较弱；密度较低的组织，例如脂肪等，吸收的 X 射线较少，探测器获得的信号较强。这种不同组织对 X 射线吸收值不同的性质可用组织的吸收系数 m 来表示，所以，探测器所接收到的信号强弱所反映的是人体组织不同的 m 值，从而对组织性质做出判断。

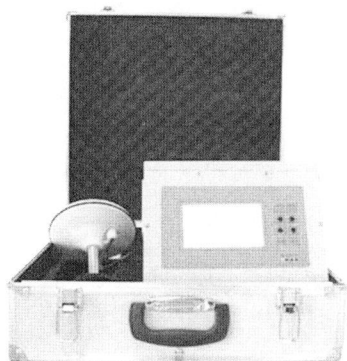

图 6-14 五轮仪

图 6-15 X 射线探测器

6.4.6 超声波检测仪

声波是物体机械振动状态（或能量）的传播形式。所谓振动是指物质的质点在其平衡位置附近进行的往返运动。超声波振动频率大于 20 kHz 以上，超出了人耳听觉的上限，故称之为超声波。超声波通常以纵波的方式在弹性介质内传播，其特点是频率高、波长短，且在一定距离内沿直线传播，具有良好的束射性和方向性。超声波检测仪是一种有效的焊缝无损检测仪器，它针对罐体对接焊缝等关键焊缝的焊接质量，可实现快速准确的检测，为质量检验人员必备的检测仪器，如图 6-16 所示。

6.4.7 静电场测试仪

静电场测试仪是一种非接触式手提静电场测试仪，如图 6-17 所示，可测范围在 ±20 kV（工作距离为 25 mm），配置有 2 个 LED 灯，确保测量时需与被测物体保持 25 mm。仪器主机由电晕放电装置、探头和检测系统组成。利用给定的高压电场，对被测试样定时放电，使试样感应静电，从而进行静电电量大小、静电压半衰期、静电残留量的检测，以确定被测试样的静电性能。

根据国家标准要求，导静电接地橡胶带与罐体之间，导静电接地盘与罐体之间以及胶管两之间的电阻值不能大于 5 Ω。在每辆车完工检验时，必须对上述项目进行检测。

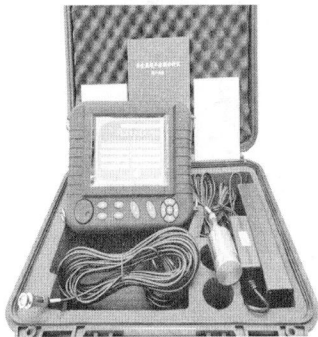

图 6-16 超声波检测仪

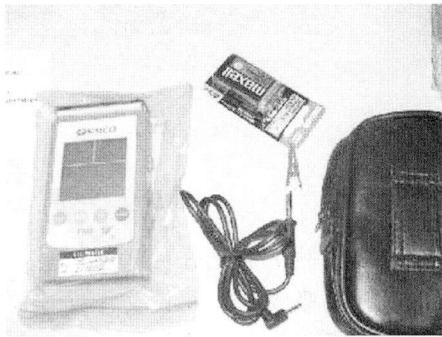

图 6-17 静电场测试仪

6.4.8　测厚仪

　　测厚仪是用于测定铝合金、碳钢以及不锈钢等金属材料厚度或材料表面覆盖层厚度的仪器，如图 6-18 所示。有些构件在制造和检修时必须测量其厚度，以便了解材料的厚薄规格、各点均匀度和材料腐蚀、磨损程度；有时需要测定材料表面的覆盖层厚度，以保证产品质量和生产安全。常用测厚仪一般采用超声、磁性、涡流、同位素等原理，在实际生产过程中，可快速实现进场原材料厚度的检测。

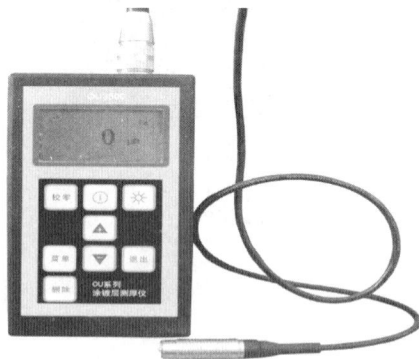

图 6-18　测厚仪

6.4.9　摆锤式冲击试验机

　　摆锤式冲击试验机是根据《摆锤式冲击试验机的检验》（GB/T 3808—2002）开发的新一代高科技测试仪器，如图 6-19 所示，按国标《金属夏比缺口冲击试验方法》（GB/T 229—1994）对金属材料进行冲击试验。所用试样断面为 10×10 mm，主要对冲击韧性较大的黑色金属，特别是钢铁及其合金进行试验。

图 6-19　冲击试验机

　　摆锤式冲击试验机的工作原理是计算摆锤冲击前位能与冲击后所剩余位能之差，得到所试验试样的吸收功。设备动作操作既可以采用手动控制盒控制，又可以采用计算机自动控制，操作简便、工作效率高，利用摆锤冲断试样后的剩余能量即可自动扬摆，试验结果可以保存和打印。在连续做试样的冲击试验时，更能体现其优越性。

6.4.10　拉伸试验机

拉伸试验机如图 6-20 所示，主要应用于金属及非金属材料的测试，如橡胶、塑料、电线电缆、光纤光缆、安全带、保险带、皮革皮带复合材料、塑料型材、防水卷材、钢管、铜材、型材、弹簧钢、轴承钢、不锈钢（以及其他高硬度钢）、铸件、钢板、钢带和有色金属金属线材的拉伸、压缩、弯曲、剪切、剥离、撕裂以及两点延伸（需另配引伸计）等多种试验。采用进口光电编码器进行位移测量，控制器采用嵌入式单片微机结构，内置功能强大的测控软件，集测量、控制、计算、存储功能于一体。具有自动计算应力、延伸率（需加配引伸计）、抗拉强度、弹性模量的功能，自动统计结果；自动记录最大点、断裂点、指定点的力值或伸长量；采用计算机进行试验过程及试验曲线的动态显示，并进行数据处理，试验结束后可通过图形处理模块对曲线放大进行数据再分析编辑，并可打印报表，产品性能达到国际先进水平。

图 6-20　拉伸试验机

6.4.11　电液伺服万能试验机

电液伺服万能试验机如图 6-21 所示，用于不同材料的静态测试，具有高精度和可重复性；根据国家或国际相关标准用于进行各种材料的拉伸、压缩、弯曲、剪切和剥落测试，同时还可以采用应变或者其他更先进的测试方法。最大试验力可分别达到：300 kN、600 kN、1000 kN、2000 kN；试验力测量范围：2%～100% FS；试验力示值精度为±1%；可用于金属棒材、板型材的拉伸试验、弯曲试验和压缩实验。

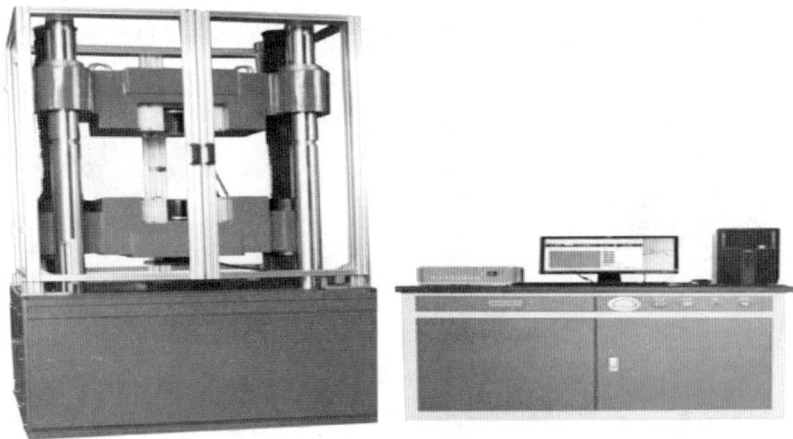

图 6-21　电液伺服万能试验机

6.4.12 精密压力表

精密压力表如图 6-22 所示，是指以弹性元件为敏感元件，测量并指示高于环境压力的仪表。精密压力表遍及所有的工业流程和科研领域，在热力管网、油气传输、供水供气系统、车辆维修保养厂店等处随处可见。在工业过程控制与技术测量过程中，压力表通过表内的敏感元件（波登管、膜盒、波纹管）的弹性形变，再由转换机构将压力形变传导至指针，引起指针转动来显示压力。在实际生产的过程中，按照国家标准在对罐体和

图 6-22　压力表

管道部分进行气密性试验、耐压试验时，辅助安装在相应的检测工装上，能够直观显示压力值，一般情况下，为了保证检验准确性，会同时安装两台精密压力表。

6.4.13 紧急切断阀试验台

紧急切断阀测试设备如图 6-23 所示，试验压力为 0~0.6 MPa，压力可调可控，用来检测紧急切断阀的切断性能测试，也可以进行气密性的检测，设备配有自动采集装置，可自动采集实验数据，打印试验报告。紧急切断阀切断试验测试设备特点：①配置有高精度的传感器、采集装置和触摸屏控制；②采用不锈钢材质，可防腐蚀；③密封性能好，使用安全可靠；④采用无油压缩技术，气体不会受到影响；⑤采用计算机控制系统，可完成对测试压力及测试曲线等参数的输出，形成测试报告。

6.4.14 容量检测设备（流量计）

流体通过流量计如图 6-24 所示，在流量计进出口之间产生一定的压力差，流量计的转动部件（简称转子）在压力差作用下产生旋转，并将流体由入口排向出口。在这个过程中，流体一次次地充满流量计的"计量空间"，然后又不断地被送往出口。在给定流量计的条件下，该计量空间的体积是确定的，只要测得转子的转动次数，就可以得到通过流量计的流体体积的累积值。在实际生产的过程中，流量计主要用于罐体实际装载容积的测定检验。

图 6-23　紧急切断阀试验台

图 6-24　流量计

6.5　质量管理细则

6.5.1　名词解释

（1）自检：加工人对自己生产产品进行的自我检验。

（2）互检：加工人之间相互对产品进行检验。

（3）专检：专职检验员对产品进行检验。

（4）首检：对一段时间内或一个批次内的第一件产品进行检验，可以是一件，也可以是连续生产的多件，直到加工出一次检验合格的产品为止。

（5）巡检：产品生产制造过程中进行的定期或随机流动性的检验。

（6）纠正：为消除已发现的不合格产品所采取的措施。

6.5.2　产品质量管理要求

（1）到货报验：每批次到货物料都必须进行检验，检验数量和验收标准按照技术协议或者国标标准进行。物料到货后，先放入待验区内核实产品的包装、品种、规格、数量等，核实无误后填写"到货报检单"，并签字确认。

（2）来料检验：检验员随机抽检样品。报检员负责拆包、切割等。金属材料、非金属材料（油料、油漆、化工、辅料）产品报验时应附相关质量证明文件。

（3）理化试验：按照国标要求开展理化试验，试验项目有化学成分分析、机械性能试验（抗拉强度、屈服强度、延伸率、断面收缩率、硬度、板材冷弯及金属金相显微组织分析等）、老化试验等，同时开展的理化试验均需进行试验登记，出具试验记录，相关结果通知采供部及供方。对于需要委外检测的项目，由具有国家检测资质的单位进行检测，并由其出具具有法律效力的报告。

（4）检验记录：检验员将产品的检验结果记入"产品检验记录"和"到货报验单"，并将签发的票据交回报检员并办理入库手续。

（5）不合格产品的处理：对于检验和试验评定为不合格的产品，不得办理入库，不得配送至装配线。对于可返工、返修的产品，必须100％修复合格后再重新报验。复验后，必须有复验记录。对于办理有偏差手续的产品，检验员可直接签字入库，并将零部件偏差手续附在检验记录后。

（6）自制件标识管理：以标识卡或水溶性记号笔在零部件上标识合同号（通用件储备除外）、图号，将同一图号零部件统一摆放，防止转序及使用过程中，无法识别零部件，造成错装。

（7）首检管理：以合同批次为单位执行首检，加工人对首件产品自检合格后报检验员进行专检，专检合格后加工人方可进行批量加工，检验员出具首检记录。

（8）巡检管理：下料检验员每天上午、下午各进行至少一次巡检，对每批次产品进行抽样检验，巡检抽样原则上不低于两件样品且为最近生产（要能代表过程能力最新现状），检验项目包含产品本身特性、影响产品特性的因素（人、机、料、法、环、测）。若巡检发现不合格，加工人应立即停止生产并对产品按加工时间进行倒查，其目的在于监控加工过程具备持续输出合格产品的能力，巡检结果记录在首检记录后面。巡检时批次已加工完毕的产品可不进行抽检。

（9）完工报检管理：加工人将一种产品加工完毕并自检合格后报检验员进行专检。检验合格后检验员将完成检验记录和首检记录收回归档，对合格产品发放合格标识，加工人填写转序单由检验员签字确认。若批次容量较大或生产急需物料必须分批报验，不许集中报验。

（10）全检：对于有全检要求的产品，加工人员必须全数报验，检验员逐个检验并出具检验结论，粘贴检验合格标签。

（11）存储及转运管理：应使用专用工位器具或采取防护措施，防止零部件磕碰、划伤及变形，其中应重点关注铝合金产品的外观防护。

（12）作业区域标识：车间内划分出待检区、合格品区、不合格品区，并做好目视化管理。

（13）转序管理：转序人员只能转运合格品区域产品，且要核对转序单上物料明细与实物一致。

（14）罐车可追溯性管理：封头、阻浪板（加强圈）、筒体、副车架须在自检记录和专检记录中体现所用钢材的供方和批次号（炉号）。

6.5.3　安全质量监督管理

根据 GB18564.1—2019 要求，金属常压液体危险货物运输罐式车辆，应进行出厂检测，合格后取得出厂监督检验证书及报告。公司产品在厂内检测合格后，委托检测机构进行安全监督检验。检测机构出具监督检验报告及证书，作为随车资料发运至客户手中，用于车辆上户、办理营运证、年检等，同时公司备案一份报告和证书。

6.6　危险品罐式车生产过程安全管理

安全生产管理具有系统性、综合性的特点，其管理内容涉及生产的每一个环节，故在危险品罐式车制造过程中，安全生产管理必须坚持"安全第一，预防为主，综合治理"的方针。我们需建立企业安全生产责任制，制定安全政策、计划和措施，完善安全生产组织管理体系和检查体系，加强安全管理工作，尤其对危险源管理尤为重要。

6.6.1　安全生产责任制

实行"专人负责、层层包干"，车间主管负责车间范围内的生产安全工作，库房经理负责零部件存储范围内的安全工作，技术主管负责技术服务范围内的安全工作，质量经理负责车辆检验范围内的安全工作，售后服务经理负责售后范围内的安全管理工作。各责任人应严格落实安全生产的规定，制定部门安全生产计划，对部门安全负全面责任。

各负责人要求共落实安全生产管理制度和安全生产规则：定期检查各自负责范围

内的安全措施执行情况，提出整改意见和防范措施，杜绝事故隐患；定期做好安全总结工作，并向直属上级汇报安全生产工作；负责各部门的安全管理及宣传工作，定期进行"查思想、查管理、查纪律、查隐患"的四查活动，纠正和解决部门范围内的不安全现象，落实整改措施。

6.6.2　安全生产管理要点

6.6.2.1　污染物排放控制

（1）废水排放：主要是喷漆作业、气密作业、降尘喷淋用水等活动产生的废水。喷漆车间应确保生产废水汇入污水处理站内，应做好废水流经管道的防渗处理并定期检查清淤。污水处理站应严格按规定进行污水处理作业，按时对处理效果实施检测，合格后排入市政管网。

（2）废气排放：主要是生产制造过程中喷漆、焊接打磨、机加工、等离子切割等作业活动产生的废气。喷漆、焊接打磨、机加工、等离子切割等使用到的油漆、切削液及防飞溅液等化学品应低毒环保，减少有害气体排放对员工和环境的伤害和影响程度。操作工在喷漆、焊接打磨、机加工、等离子切割等作业时需采用先进合理的生产工艺，应严格按规定实施作业，减少废气的排放。在喷漆作业过程中，操作工应定期检查水帘工作状态，最大限度减少废气的排放。在焊接作业时，操作工应采用低毒环保的焊材，减少有害气体排放对员工和环境的伤害和影响程度。烘干产生的有机废气经管道输送到 RTO 炉焚烧，操作工应定期检查 RTO 炉及废气管道密封状况，避免废气跑出，最大限度降低废气的排放。生产车间应定期培训操作工，合理使用生产设备和化学品，降低由此产生的废气。

（3）烟尘排放：烟尘主要来源于打磨焊接作业时的烟尘排放。打磨焊接应使用安全环保的焊材，并合理作业，减少焊接烟尘的排放，焊接集中区采用烟尘抽吸装置进行处理。

（4）粉尘排放：粉尘来源于有喷漆作业、打磨作业、产品装卸、地面清洁等。生产车间应严格按操作规程进行喷漆作业和打磨作业等活动，最大限度地减少粉尘的排放。车间员工定时清扫收集地面除尘，避免粉尘二次排放。做到文明装卸，避免粉尘飞扬；安静文明清扫地面，避免粉尘飞扬。

（5）噪声排放：噪声来源主要有焊接打磨作业、喷漆作业、等离子切割作业、机加工作业、剪板作业、折弯作业、空压机启动、设备维修作业及产品装卸等活动。对噪声较大的焊接打磨作业、喷漆作业、等离子切割作业、机加工作业设备，应及时进行润滑处理，及时更换易损件，必要时更换破旧设备，禁止设备带病运转，尽可能减少夜间作业。设备维修作业时，应严格按规定作业程序和作业规范实施，文明维修，精细作业，避免或减少噪声的排放。原材料入厂及产品出厂时应文明装卸、轻拿轻放，减少噪声，并避免夜间装卸。定期对噪声值的符合情况进行分析，噪声值超标时应找出原因，制定改进方案。制定相应的奖惩制度，对噪声控制结果好坏的车间和个人进行奖罚。每年对噪声管理制度进行一次评审，对不合适操作的条款进行修改。通过培训，提高员工的操作水平和环保意识，最大限度地控制噪声。

（6）有害废弃物的处置：有害废弃物主要包含喷漆洒落物、设备油底渣、设施设备维修产生的废抹布、车用废电瓶、产品生产所用各类废油桶等。废油桶应由专人收集，及时退回供货单位循环使用。车间喷漆洒落物、设备油底渣、油抹布由各车间收集，堆放在指定区域，规范存放，最后统一交付当地环保部门处理。

以上为危险品罐式车生产过程中常见污染物控制方法，在产品设计及工艺实现过程中，企业应尤其关注此类污染物控制，减少对员工的损害，在关键工序中另需注意做好警示标记，张贴警示标记牌，部分常见警示标志牌如图 6-25 所示。

图 6-25　几种常见警示标志牌

6.6.2.2　起重机械安全管理规定

起重机械设备实行管理登记制度，设备管理部门做好定期检验，保证其安全性能，管理要点如下。

（1）起重机械必须购置有相关生产资质的单位生产的设备。

（2）安装起重机械前，必须向政府相关部门办理告知手续后方可施工。安装、修理起重机械的单位，须持有相关的安装维修资质。

（3）起重机械安装的安全质量，经设备供应商牵头自检合格后，由管理单位协调设备厂家向所属地的政府主管部门申请安全技术监督检验。起重机械大修理的安全质量，经维修方自检合格后，由设备管理部门向所属地的政府主管部门申请安全技术监督检验。

（4）安装、修理起重机械的技术文件和施工质量资料，在竣工验收后，应交由设备管理部门，并存入起重机械安全技术档案。

（5）起重机械检验合格后，经所属地的政府主管部门审查后，取得使用登记证后方可使用。

（6）起重机械作业人员属于特殊工种，须持有政府主管部门考核签发的操作证，才能独立操作。

6.6.2.3　吊索具的安全管理

吊索具包括钢丝绳、尼龙绳、链条、吊带、夹具及其他专用吊索具等，必须符合《起重机械吊具与索具安全规程》（LD48—93）的规定，满足吊装作业安全要求。吊索具管理应纳入危险源管理，定人定期检查，并作好相关领用、检查、报废记录。

1. 吊索具安全管理要点

（1）使用单位必须领用相应载荷并经检验合格的吊索具产品。

（2）吊索具应做好存放定置管理，存放点应有选用规格与对应载荷的标签（标牌）。吊索具应标识有相应载荷说明，且有专人管理和维修保养。

（3）使用吊索具的人员应熟知并正确使用吊索具，掌握吊索具报废标准，定期对吊索具进行检查。

（4）吊索具使用时，必须挂、绑牢固后再行起吊，起吊锋利物件时必须有衬垫。

（5）各级安全管理人员必须及时教育吊索具使用人员学习相关安全常识、判定标准，对新使用吊索具要作好试用记录，并进行现场安全监护。

（6）报废或不合格的吊索具不允许在现场堆放或使用。

2. 钢丝绳报废标准

（1）钢丝绳在一个节距以内断丝达到 7~8 根时即应报废。

（2）表层钢丝绳直径磨损超过原直径 40％的应报废。

（3）钢丝绳直径减少量达到 7％时报废。

（4）钢丝绳有明显的内部腐蚀时必须报废。

（5）局部外层钢丝绳伸长显"笼"状畸变时必须报废。

（6）钢丝绳出现整股断裂时必须报废。

（7）钢丝绳的纤维芯直径增大较严重时必须报废。

（8）钢丝绳发生扭结、变折塑性变形、麻芯脱出、受电弧高温灼伤影响钢丝绳性能的必须报废。

3. 卸扣报废标准

（1）卸扣已有明显永久变形，横销已不能转动自如。

（2）本体与横销任何一处横载面磨损超过名义尺寸 10％。

（3）卸扣的任何一处发生裂纹。

（4）卸扣与横销永久变形和发生裂纹，不得以任何方式去修复。

4. 吊带报废标准

（1）为防止吊带极限工作载荷标记磨损不清发生错用，吊带本身以颜色区分，紫色为 1000 kg，绿色为 2000 kg，黄色为 3000 kg，银灰色为 4000 kg，红色为 5000 kg，蓝色为 8000 kg，10000 kg 以上为桔黄色。

（2）织带（含保护套）严重磨损、穿孔、切口、撕断。

（3）承载接缝绽开、缝线磨断。

（4）吊带纤维软化、老化、弹性变小、强度减弱。

（5）纤维表面粗糙易于剥落。

（6）吊带出现死结。

（7）吊带表面有过多点状疏松、腐蚀、酸碱烧损以及热熔化或烧焦。

（8）带有红色警戒线吊带的警戒线裸露。

5. 纤维吊绳报废标准

（1）吊绳被切割、断股、严重擦伤、绳股松散或局部破裂。

（2）吊绳表面纤维严重磨损，局部绳径变细，或任一绳股磨损达原绳股 1/3。

（3）绳索捻距增大。

（4）绳索内部绳股间出现破断，有残存碎纤维或纤维颗粒。

（5）纤维出现软化或老化，表面粗糙纤维极易脱落，弹性较小、强度减弱。

（6）严重折弯或扭曲。

（7）绳索发霉变质、酸碱烧伤、热熔化或烧焦。

（8）绳索表面过多点状疏松、腐蚀。

（9）插接处破损、绳股拉出、索眼损坏。

（10）已报废的绳索不得在修补后重新使用。

6. 吊环报废标准

（1）从吊环不弯曲的平面算起扭曲超过10%。

（2）长形环内长 L（圆形环内径 D）变形率达5%以上。

（3）吊环直径磨损或锈蚀超过名义尺寸10%。

（4）吊环上出现裂纹、裂痕或凹槽。

7. 吊链报废标准

（1）链环发生塑性变形，伸长达原长度5%时报废。

（2）链环之间、链环与端部配件的连接接触部位，磨损减少到公称直径的80%，其他部位磨损减少到公称直径的90%时报废。

（3）产生裂纹或高拉应力区的深凹痕、横向锐利凹痕时报废。

（4）链环修复后未能平滑过渡，或直径减小大于原公称直径的10%时报废。

（5）扭曲、严重锈蚀及积垢不能加以排除时应报废。

（6）端部配件的危险断面磨损减少达原尺寸的10%时报废。

（7）有开口度的端部配件，开口度比原尺寸增加10%时报废。

（8）卸扣不能闭锁时报废。

8. 起重钳报废标准

（1）出现裂纹。

（2）受力构件断面磨损、腐蚀达原尺寸10%。

（3）钳体开口度比原尺寸增加10%。

（4）钳牙存在两个断齿以上，以无法修复或更换。

9. 吊钩报废标准

（1）吊钩的开口度超过公称尺寸的15%。

（2）吊钩的扭转变形超过10%。

（3）危险断面磨损达原尺寸的10%。

（4）吊钩的颈部或危险截面发生塑性变形。

（5）吊钩表面出现无法修理的裂纹、裂痕。

（6）板钩衬套磨损达原尺寸的50%时，应报废衬套。

（7）板钩心轴磨损达原尺寸的5%时，应报废心轴。

起重作业安全管理要严格按照上述要求做好起重设备的安全管理及吊索具的购置、检查、淘汰，现场注意对关键危险点做好相应警示标牌，如图6-26所示，以警示作业相关人员，减少安全事故的发生。

图6-26 起重吊具常见警示标志牌

6.6.2.4　压力容器和管道安全管理

危险品罐式车加工过程主要涉及的压力容器有空气压缩机辅助储气罐、油气分离器、二氧化碳储罐、乙炔储罐、氩气及氩保气储罐等。压力容器需办理使用登记、监督检验等手续，严格执行相关规范。企业需要建立压力容器台账，管理压力容器安全技术档案；编制检验计划并负责实施，做好日常维护保养和定期检测；定期进行压力容器安全检查，落实压力容器操作人员安全教育和取证工作。

压力容器和管道安全管理要点如下：

（1）购置有生产资质单位生产的压力容器设备。

（2）压力容器安装前，向政府相关部门办理告知手续。

（3）压力容器安装完毕后，协调设备生产厂家办理注册手续，由当地市场监督管理局发放"压力容器准用证"后方可投入使用。

（4）压力容器的操作人员属于特殊工种，必须经安全技术教育考试合格取得资格证后，方能独立上岗操作。

（5）制定压力容器安全技术规程，操作人员必须严格执行安全操作规程并按规定做好运行记录。

（6）编制检验计划，压力容器的使用单位应遵照检验计划，合理安排生产，并按照压力容器的检验要求做好检查前的准备工作。

（7）按照压力容器定期检验要求，提前向当地市场监督管理部门办理检验登记，按要求组织定期检验并保存检验记录。

（8）安全阀应每年至少要进行一次定压检验，保存检验报告，经过检验合格的安全阀必须有标注日期的铅封，按要求进行安装。

（9）压力表每半年必须检验一次，保存检验报告并填上有日期的铅封。

（10）对于检验不合格的安全附件，必须按照安全规定进行更换。

6.6.2.5　罐体内有限空间作业安全管理要点

有限空间是指封闭或部分封闭，进出口较为狭窄有限，未被设计为固定的工作场所，自然通风不良，易造成有毒有害、易燃易爆物质积聚或含氧量不足的空间。罐体内有限空间场所作业，如果通风不良，加之窒息性气体浓度较高，会导致空气中含氧量下降。当空气中含氧量在 16% 以下，人即可产生缺氧症状；含氧量在 10% 以下，可使人出现不同程度的意识障碍，甚至死亡；含氧量在 6% 以下，可发生猝死。罐体内部焊接属于有限空间作业，安全风险高，在作业中应遵循"先许可后作业、内部作业外部监护、秩序作业动态检测"的原则，确保罐体内部作业的安全，其中安全管理要点如下。

（1）严格按照有限空间危险作业制度要求，进行作业前许可审批制度。

（2）严格遵守有限空间作业"三不进入"的原则：无作业许可不进入，措施不落实不进入，无监护人不进入。

（3）确保罐体有限空间作业现场的空气质量。氧气含量应在 18% 以上，23.5% 以下，其内的烟尘、粉尘和其他有害气体容许浓度必须符合国家标准的安全要求。

（4）确保在有限空间危险作业时应加强通风换气，在氧气浓度、烟尘、粉尘和其他有害气体浓度可能会发生变化的危险作业中，应保持必要的测定次数或连续检测。

（5）确保作业时所用的一切电气设备，符合有关用电安全技术操作规程。照明应使用 36 V 以下的安全灯，如果使用超过安全电压的手持电动工具，必须按规定配备漏电保护器。

（6）确保有可燃气体或可燃性粉尘存在的作业现场，所有的检测仪器、电动工具、照明灯具等，使用时必须符合国家有关规范要求。

（7）确保对由于特殊结构不能采用通风换气措施或受作业环境限制不易充分通风换气的场所，作业人员必须配备并使用空气呼吸器或软管面具等隔离式呼吸保护器具，作业现场配备必要的警示标志，如图 6-27 所示。

图 6-27　有限空间作业警示标志牌

第7章 危险品罐式车使用、维护和保养的注意事项

7.1　危险品罐式车主要技术参数

危险品罐式车分为单车和半挂车两种，表7-1是以某型号的危险品罐式半挂车为例，列举危险品罐式车的主要技术参数：

表 7-1　某危险品罐式车型主要技术参数

车辆型号		＊＊＊＊＊＊＊
公告容积（m³）		48
罐体类别		铝合金常温罐
危险货物种类		3 类
轴数		3
轴荷（三轴组）		24000
整备质量（kg）		6000
装载质量（kg）		34000
最大总质量（kg）		40000
整车外廓尺寸（mm）	12240	11780
	2550	2550
	3990	3800
罐体尺寸（mm）	11740	11260
	前 2222/后 2422	2490
	前 2222/后 2422	前 1910/后 2060
轴距 A（mm）		6140＋1310＋1310
轮距 T（mm）		1840
后悬 D（mm）		1930
牵引座结合面离地高度（mm）		1300±20

(续表)

车辆型号	＊＊＊＊＊＊＊
离去角（°）	16
轮胎/备胎规格	12 R 22.5 12 PR
板簧规格	空气悬架
板簧片数	/
制动响应时间 C（s）	0.4
储气筒额定工作压力（MPa）	1
适装介质	庚烷、辛烷、己二烯、异丁胺

特别说明：按照 GB 1589—2016 规定，部分部件不计入车辆长度和宽度的测量

7.1.1 长度方向

1. 不具备载货功能，且超出车辆前或后端不大于 50 mm、边和角的圆角半径不小于 5 mm 的以下装置，不在车辆长度测量范围。

（1）刮水器和洗涤器。

（2）外部标识，包括注册商品商标、生产企业名称、商品产地、车型名称及型号、发动机排量、变速箱型式、驱动型式及反映车辆特征的其他标识。

（3）灯光和光信号装置。

（4）防撞胶块及类似装置。

（5）外部遮阳装置。

（6）海关密封装置及其防护装置。

（7）用于栓固防雨布的装置及其防护装置。

（8）锁止装置、铰链、手柄、控制器、开关。

（9）出入口踏步（或爬梯）、保险杠上端用于风窗擦拭的上车踏步及把手。

（10）后标志板含 LOGO 标志。

（11）可拆卸的车辆用的挂接或拖曳装置。

（12）排气尾管。

2. 不具备载货功能的以下装置不在车辆长度的测量范围。

（1）空气进气管。

（2）在半挂车前回转半径内的冷藏半挂车的冷机、半挂车的工具箱框、爬梯、前端气电连接器及其防护罩。

（3）间接视野装置。

（4）电力车辆的集电装置（含其固定装置）。

（5）展开长度不超过 2000 mm，收起状态不超过 200 mm，可拆卸或折叠的车辆后部导流装置。

（6）收起状态的水平长度不超过 300 mm 的尾板、上下坡道及类似装置。

（7）后尾梯。

7.1.2　宽度方向

1. 不具备载货功能且单侧超出车辆侧面不大于 50 mm、边和角的圆角半径不小于 5 mm 的以下装置，不在车辆宽度测量范围。

（1）外部标识，包括注册商品商标、生产企业名称、商品产地、车型名称及型号、发动机排量、变速箱型式、驱动型式及反映车辆特征的其他标识。

（2）灯光和光信号装置。

（3）海关密封装置及其防护装置。

（4）防撞胶块及类似装置。

（5）用于栓固防雨布的装置及其防护装置。

（6）局部的流水槽指用于引导驾驶员门（或窗）上方雨水流、乘客门上方和位于前风挡玻璃两侧引导雨水流向的流水槽。

（7）防飞溅系统的柔性突出部分。

（8）在收起位置时的可伸缩踏步、客车的出入坡道、举升平台及类似装置。

（9）锁止装置、铰链、手柄、控制器、开关。

（10）轮胎失效信号装置。

（11）轮胎压力指示器。

（12）位于轮胎接地点正上方的轮胎壁的变形部分。

2. 以下装置不在车辆宽度测量范围。

（1）间接视野装置。

（2）非工作状态下的校车停车指示牌。

7.2　车辆标识

7.2.1　车辆标牌

危险品罐式车标牌主要包括整车标牌和罐体标牌两种，标牌一般安装于车架右纵梁前端外侧，如图 7-1 所示。

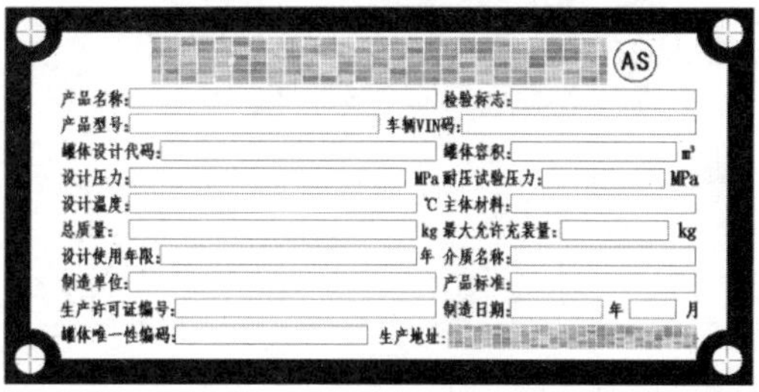

（a）整车标牌 　　　　　　　　　（b）罐体标牌

图 7-1　车辆标牌

7.2.2　车辆识别代号

（1）车辆识别代码由 17 位字码组成，单个字高 10 mm，字宽 5 mm，总长度约 150 mm，表示如：☆×××××××××××××××××☆。

（2）半挂车辆识别代号（VIN），打印在上车架左右纵梁前端外侧 1000 mm 范围内，如图 7-2 所示。

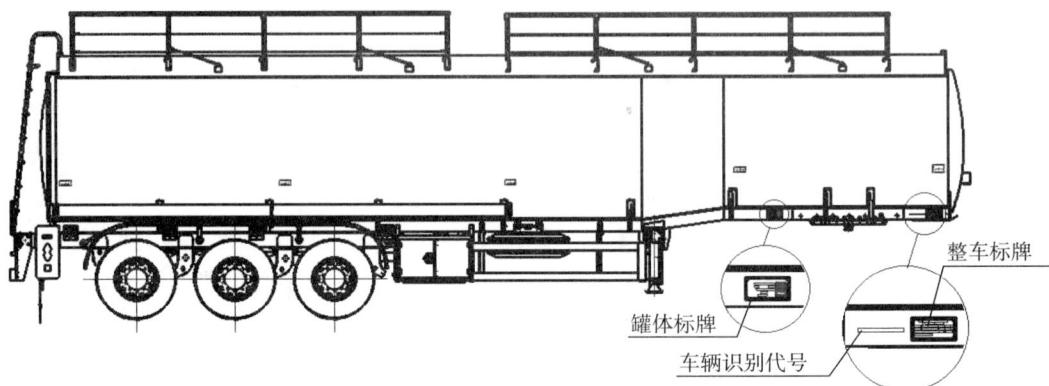

整车标牌

罐体标牌

车辆识别代号

图 7-2　半挂车辆标牌及车辆识别代号位置说明

（3）单车车辆识别代号（VIN）共有三处，分别在车架右前端外侧（如图 7-2 所示）和靠近罐体前端面外侧副车架或者罐体易见位置（左、右两侧），如图 7-3 所示。

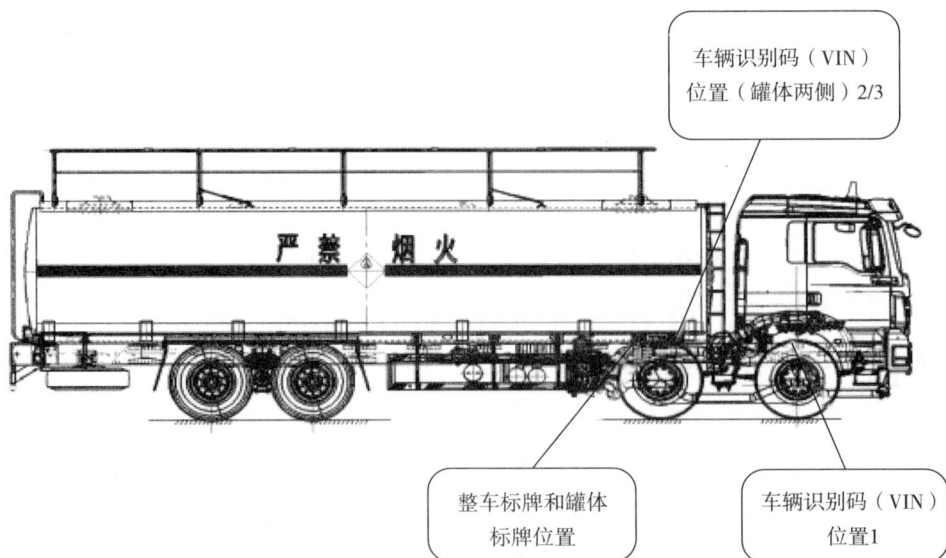

车辆识别码（VIN）位置（罐体两侧）2/3

严禁 烟火

整车标牌和罐体标牌位置

车辆识别码（VIN）位置1

图 7-3　单车车辆标牌及车辆识别代号的位置说明

7.3　危险品罐式车一般部件使用注意事项

7.3.1　罐体

罐体内部结构通常如图 7-4 所示。

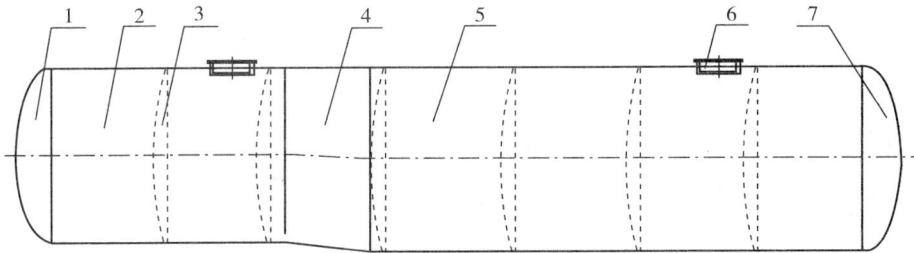

1. 前封头；2. 前筒体；3. 前后阻浪板；4. 变截面；5. 后筒体；6. 人孔盖总成；7. 后封头

图 7-4　罐体结构图

罐体内部一般设加强板、阻浪板和隔板（对于单仓无隔板），用以加强罐体结构强度，减轻汽车行驶过程中罐内介质的摇晃和冲击。罐体上部设置人孔，为加料和检修人员的出入提供方便。

操作人员可以通过罐体后部或前部的扶梯上到罐顶，进行必要的操作。罐体上部设人孔、呼吸阀，可通过人孔进行顶部灌装及卸料时通气，人孔还可以用于操作人员进入罐内进行检修及清洁，呼吸阀可以保持罐体内外的压力平衡，防止罐内压力过高或过低，损坏罐体。

7.3.2　车架

（1）半挂车架主要有两种。一种由上车架和下车架组成。上车架由两根铝合金"L"型纵梁与若干横梁组焊而成，通过垫板焊接在罐体下部；下车架由两根高强度钢"Z"型纵梁或者"C"型纵梁与若干横梁组焊而成，并通过螺栓或者拉马与上车架连接。另一种由前车架和后车架组成，前车架和后车架都由铝合金型材或碳钢型材加工而成。

（2）半挂车架前部下端面有与牵引车连接的牵引销和牵引板，牵引销主要用于传递牵引力或制动力，牵引板用地传递垂直方向的重力。

（3）半挂车架前端装有气管接头和电气连接的相应插座。

（4）单车车架是由优质碳钢折弯或铝合金型材制成，根据客户需求和使用路况，可选择多种结构和板厚的车架。

（5）车架为车辆上主要的承载结构，不允许用户进行任何形式的改装、焊接及钻孔等伤害副车架结构及强度的行为。在一般情况下，罐车生产企业对客户私自改装而产生的安全风险，所导致的后果不承担任何责任，由客户自行承担。

7.3.3 人孔盖

人孔盖有欧标人孔盖、普通式碳钢大盖和快开式人孔盖三种。

（1）欧标人孔盖安装于罐体顶部，具有倾翻防溢、紧急防爆等功能，可配内置呼吸阀。当罐内压力出现压差时，将通过自动进气或排气来调节罐内压力，使油料运输更加安全，如图7-5所示。欧标人孔盖同时还配备二级开启装置，用专用钥匙打开上压板后，从小盖周边释放罐内剩余压力，保护工作人员不受压力冲击。

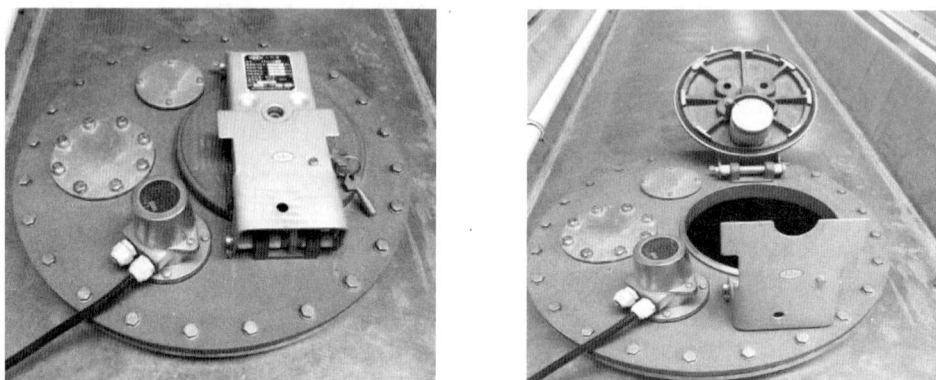

（a）关闭状态　　　　　　　　（b）打开状态

图7-5　欧标人孔盖

（2）普通式碳钢大盖总成分为下盖和上盖，下盖采用螺栓安装在罐体上，上盖采用压杆压紧，如图7-6所示。松开压紧螺杆，拧起上盖即可打开。

（a）关闭状态　　　　　　　　（b）打开状态

图7-6　普通式碳钢大盖

（3）快开式人孔盖为一个整盖，采用六个压爪将盖压紧在罐体上，可实现快速打开，方便人进出罐体内，如图7-7所示。快开式人孔盖在关闭时应注意采用十字交叉法拧紧压紧螺杆，以防止盖体变形。

（a）关闭状态

（b）打开状态

图 7-7　快开式人孔盖

7.3.4　呼吸阀

呼吸阀分为内置呼吸法和外置呼吸阀。内置呼吸阀一般由人孔盖自带，安装在人孔盖内侧；外置呼吸阀一般安装在罐体顶部或人孔盖预留安装口上，适时补充或排出蒸汽，以使罐体内部的压力保持在一定范围内，如图 7-8 所示。

（a）外置呼吸阀

（b）内置式防倾倒呼吸阀

图 7-8　呼吸阀

卸料或天气温度变化时，罐体内易形成负压。当压差超过 2～4 kPa 时，呼吸阀自动打开，向罐体内部注入空气，维持罐体内外压差恒定。反之，当向罐体内充装介质或温度发生变化，罐体内外压差达到 6～12 kPa 时，呼吸阀自动打开进行排气，以维持罐体内外压力平衡。

7.3.5　导静电装置

（1）对于装载易燃易爆液体介质的车型，应装有导静电接地带，如图 7-9 所示。导静电接地带在车辆行驶中，需将接地带调整至与地面接触，以便释放罐体内产生的静电。

（2）导静电接地线盘用于在装卸液体时使罐体与地面相连接，防止产生静电，如图 7-10 所示。直接拉出夹头，即可将接地盘线拉出，将摇把插入盘表面两孔内，再转动即可收回被拉出的导线。

图 7-9 导静电接地带

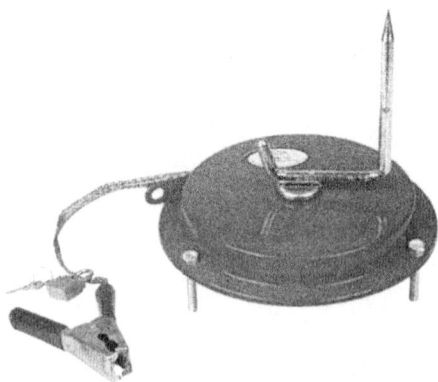

图 7-10 导静电接地线盘

（3）导静电铜板用于在装卸料时，将外部接地线夹与导静电铜板可靠连接，以消除装卸料过程中产生的静电，如图 7-11 所示。

7.3.6 升降支腿

升降支腿由支盘、支撑腿、传动机构、变速机构及传动杆等组成，设置在半挂车前端。当牵引车与半挂车脱开后，用以支撑半挂车停放。为了适应半挂车高度的变化，支腿内装有螺旋升降机构，使半挂车与牵引车的连接与脱离都能顺利地进行。高度升降分快慢两档速度。手柄进入时转动为高速升降，手柄拉出时为低速升降。当支盘接触地面后即承受载荷时，只能用低速挡升降，否则将损坏支腿升降机构，如图7-12所示。

图 7-11 导静电铜板

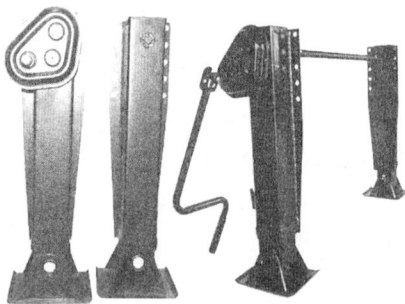

图 7-12 支腿提升装置

7.3.7 防护栏和防护杠

车辆一般均设有侧防护栏和后保险防护杠，以保证车辆行驶安全，如图 7-13 所示。

（1）侧防护栏

侧防护总成主要由侧防护横梁、连接支架以及护栏弯板等组成，一般安装在车辆左右中部位置，能有效地防止行人因意外而被卷入车轮底下，避免造成重大事故。侧防护横杆均采用铝合金型材制作，通过支架螺栓接在车架纵梁上，离地高度约 500 mm，与轮胎间距控制在 300 mm 以内，提升了安全性能。

（a）侧防护

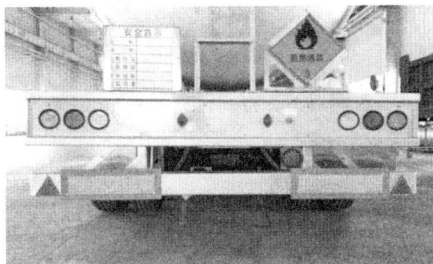

（b）后防护

图 7 - 13　侧后防护总成

（2）后保险防护杠

后防护总成主要由左右支撑、尾灯面板、保险杠以及防滑面板等组成，安装在车辆尾部，后下部防护对追尾碰撞的车辆具有足够的阻挡能力，能够防止行人钻入车辆底部而发生事故。后防护总成多彩灯碳钢和铝合金，均通过螺栓安装在下车架左右纵梁上，且距车辆宽度方向最外缘均小于 100 mm。

7.3.8　车轴、轮辋、轮胎

鼓式制动器车轴由轴体、轴头、轮毂、制动器等组成，如图 7 - 14 所示。车轮由轮胎、轮辋、连接螺栓等组成。车轴与车轮起支承、运行和制动等作用。盘式制动器车轴主要由车轴、轴头、制动盘、制动钳等组成，具有制动距离短、稳定性好、散热快等优点。

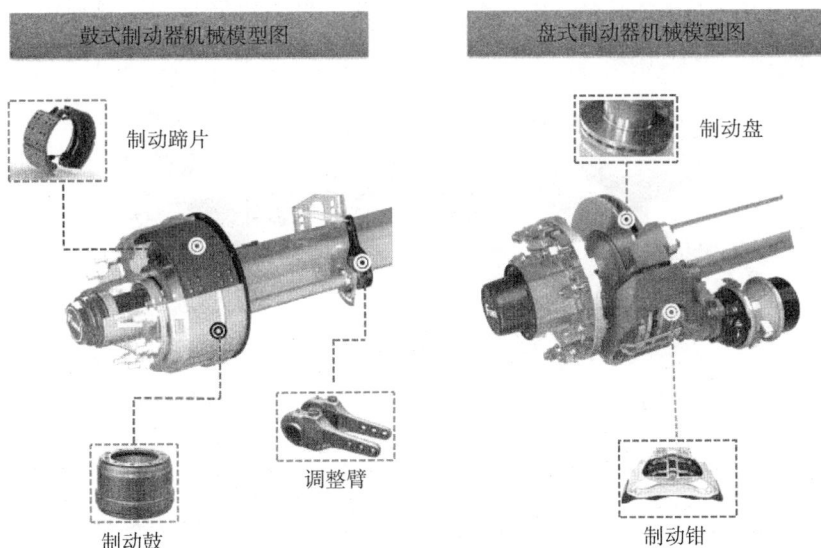

图 7 - 14　车轴

注意：盘式制动车桥不建议在矿场等恶劣的道路和工况下使用；盘式制动车桥严禁使用制动淋水装置，极易导致制动盘破裂。

表 7-2 为挂车盘式车轴配置推荐表。

表 7-2 挂车盘式车轴配置推荐表

等级	配置	备注
非常好	EBS+主车盘式制动+挂车盘式制动+液力缓速	
很好	主车盘式制动+挂车盘式制动+液力缓速器	
良好	EBS+主车盘式制动+挂车盘式制动	固定路线，避免走山路和长下坡
一般	主车盘式制动+挂车盘式制动	固定路线，避免走山路和长下坡
合格	主车鼓式制动+挂车盘式制动+液力缓速器	主车鼓式制动必须配自动调整臂
不好	EBS+主车鼓式制动+挂车盘式制动	主车鼓式制动必须配自动调整臂；应避免走山路和长下坡
不推荐	主车鼓式制动+挂车盘式制动	不建议使用

7.3.9 悬架系统

半挂车悬架系统是挂车车架与车轴式车轮连接起来的装置，其主要功能是传递作用在车轮和车架之间的各种力和力矩，并减轻和消除路面通过车轴传给车架的冲击载荷和振动，以改善挂车行驶的平顺性。半挂车悬架系统主要分为钢板弹簧悬架和空气悬架。

（1）铜板弹簧悬架

半挂车钢板弹簧悬架通常采用串联平衡式钢板弹簧，用 U 形螺栓紧固在轮轴轴体上，承受垂直方向的动力，并吸收震动，如图 7-15 所示。水平方向的作用力则由托架和连杆传递。由于平衡梁可在一定的范围内摆动，当车组通过不平路面时，后轴负荷可在一定的范围内得到平衡。

图 7-15 三轴钢板弹簧悬架

钢板弹簧材料一般为 60Si2Mn，截面尺寸 22×90 mm。考虑轻量化因素，一般配置为四片钢板弹簧，用户也可选择七片等不同片数的钢板弹簧。

（2）空气悬架

空气悬架是指采用空气减振器的悬挂，主要是通过高度阀来调整空气气囊的空气量和压力，可改变气囊的硬度和弹性系数，如图 7-16 所示。通过调节进入的空气量，调节空气减振器的行程和长度，可以实现车架的升高或降低。

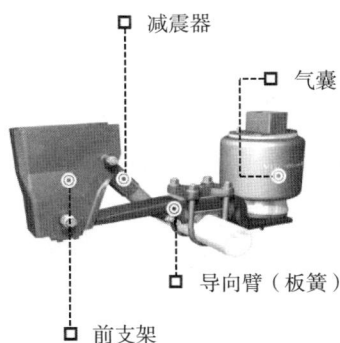

（a）结构简图　　　　　　　　　　（b）正常工作状态

图 7 - 16 空气悬架系统

注意：不建议在超载、不规则货物及恶劣的工况下使用空气悬架；不建议在泥泞、坑洼等条件较差的路况下使用空气悬架。每次行驶前，需要检查空气悬架是否达到正确的高度，必要时需要调整气囊高度，并且检查气囊是否完好，不得有漏气等现象，还需保证减震器活塞清洁，不得有脏污，以确保行驶的安全性，具体可参考空气悬架使用说明书。

7.3.10 牵引销

牵引销是半挂车与牵引车连接在一起并承受牵引力的重要连接部件，如图 7 - 17 所示。当车组在起步、制动或在坡道上行驶时，牵引销所受的冲击力更大，因此必须有足够的强度和韧性。同时牵引销与鞍座经常相互冲击并产生相对运动，故连接表面需耐磨，具有较高的硬度。牵引销通常用 18CrMnTi 合金结构钢锻造，渗碳淬火，具有韧性且表面有一定硬度。逐个探伤检查，不允许有任何裂纹及制造缺陷。牵

图 7 - 17 牵引销

引销连接半挂车的方式有焊接式和螺栓连接式。螺栓连接结构对于更换磨损或已损坏的牵引销很方便，同时也方便更换不同规格的牵引销，采用螺栓连接均采用高强度螺栓，其拧紧力矩为 190 Nm。

7.3.11 制动系统

半挂车采用双管路充气制动系统，行车制动系统主要由气接头、供气管路、控制管路、紧急制动阀、储气筒、制动气室和车轮制动器等部分组成。供能管路的气接头与牵引车供气管路连接，控制管路的气接头与牵引车制动阀连接。当半挂车制动时，各个制动气室同时作用。

驻车制动器由储能弹簧制动气室控制。在停车或驻坡时均使用此装置。

7.3.12　防抱死系统

防抱死系统（ABS）的使用情况及注意事项。

（1）不能使用不同型号的轮胎。

（2）洗车时，不要直接用水冲洗控制器，否则将造成防抱死系统的严重故障。

（3）经常检查车辆电线是否破损，左右传感器及调节器的接头是否接错。

（4）经常检查各传感器是否松动、后退（不能用手抓住电线以拉出传感器）。

（5）制动器维修保养时，在卸去车轮后，应首先检查齿圈上的齿面是否有擦痕，擦痕是否与轴承同心，同时应清洁齿面，齿槽内不允许存有金属异物。除去附在传感器外壳上的杂质，把传感器向车辆外侧方向推一推，注意传感器与弹性衬套之间的夹紧力是否过小（10～20 kg），如过小必须更换弹性衬套。

（6）在湿滑路面制动时，无需使用连续点动，只需全力制动即可，在正常行驶情况下，可控制方向盘操纵车辆行驶方向。

（7）能自行拆开控制器和调节器进行整理，如有问题应与相关部门或供应商联系。

（8）由于大多数制动都是轻踩制动，防抱死系统不参加制动过程，因而不会引起车轮的高温，但异常的高温可能会影响传感器的工作。

7.3.13　电路系统

半挂车设有与牵引车相适应的国际标准电路系统，车架前端或前封头处有电气连接插座，车架后部设有制动灯、后位灯、转向信号灯、牌照灯、倒车灯、雾灯和三角反光器，前端两侧设有前位灯，两侧设有侧标志灯，罐顶前后两侧各有两个示廓灯。各种灯具的电压均为 24 V。

7.3.14　紧急切断装置

危险品罐式车所使用的紧急切断装置主要为海底阀，又名紧急切断阀，一般安装于罐体后部底端。阀瓣密封处于罐内，阀体上设有切断槽，在受到猛烈外力作用后，阀体将沿着切断槽断开，在不影响罐体密封的情况下实现车底管路与罐体分离，从而有效地防止罐内介质泄漏，保证运输安全。

海底阀为气控元件，装卸料时，均需通过海底阀实现液体介质进出罐体，为保证卸料时罐内残余量尽量小，可将海底阀安装在罐体尾部底端。打开海底阀前，先开启主控阀，再开启子控阀，方可打开海底阀。

7.4　危险品罐式车的特殊系统功能及使用注意事项

7.4.1　泵料系统

危险品罐式车泵料系统的动力源为取力器，装卸料时通过管路中阀门的启闭，实现泵进、泵出等功能。该方式结构简单，操作方便，操作规程详见车辆上粘贴的操作说明或咨询公司技术部门。

泵料系统基本操作流程如下：

（1）泵进操作

首先使用软管将液体源与泵进端口连接，确认软管进口末端没入液面 200 mm 以下。然后调整各阀门的开关状态，按照操作说明，将泵进位置三通球阀上部原点调整到与罐体连接位置，保证泵进位置与滤网三通连接通畅，使泵出位置直通球阀处于关闭状态，同时将连接泵进泵出口的直通球阀调整到打开状态。最后按操作说明打开取力器，按照泵的额定转速将底盘调整到合适档位和转速，即可进行泵进操作。待泵进操作完成后，先关闭底盘取力器，再关闭连接泵进泵出口的直通球阀。

（2）泵出操作

首先使用软管将储水池与泵出端口连接。然后调整各阀门的开关状态，按照车架上的操作说明将泵进位置三通球阀上部原点调整到与泵进口连接位置，保证罐体与滤网三通连接通畅，使泵出位置直通球阀处于打开状态，将连接泵进泵出口的直通球阀调整到关闭状态。最后按底盘操作说明打开取力器，按照水泵的额定转速将底盘调整到合适档位和转速，即可进行泵出操作。待泵出操作完成后，关闭取力器。

（3）洒水操作

首先调整各阀门的开关状态，按照车架上的操作说明将泵进位置三通球阀上部原点调整到与泵进口连接位置，保证罐体与滤网三通连接通畅，使泵出位置直通球阀处于关闭状态，将连接泵出口的直通球阀调整到关闭状态。然后将所需洒水阀门手动打开，如果洒水阀门为气动控制，需在驾驶室内按照指示打开相应位置阀门。最后按操作说明打开取力器，按照水泵的额定转速将底盘调整到合适档位和转速，即可进行相应洒水操作。

注意：a. 严禁让泵在无液状态空转，以免造成泵体密封圈损坏和失效。

b. 当采用泵进行装卸料时，为达到快速进出气的目的，安装油气回收装置的罐车需打开该装置；无油气回收装置的要打开罐顶人孔，以防止内外气压对流不畅而损坏罐体。

c. 根据各地区季节气候对车辆的影响及运输介质的不同，车辆停放时间较长且液体上冻的情况下，须将泵底部放油堵打开，将泵内液体排放干净，防止冻裂泵体。

d. 车辆长期不用或经过长距离运输后再使用时，应对罐体和管道进行检查和清洗，避免有杂质损坏泵料系统。

7.4.2　保温系统

当介质的装运温度要求较高时，为防止介质冻结，需在罐体外部加保温层，保温层外面包一层保温蒙皮（通常为不锈钢、碳钢或玻璃钢材质），通过收紧带收紧。保温层材料为玻璃纤维岩棉或聚氨酯发泡，耐高温，保温性能好；收紧带收紧，便于维修。

7.4.3 加热系统

当运输凝固点较高的介质时，可在罐体上加装加热系统。卸料前通过向加热管道内通入蒸汽加热介质，使介质温度升高并融化，方便卸料。加热管道允许的最大蒸汽压力为 0.8 MPa。

当罐车卸料口局部液体凝固，导致卸料困难时，可利用罐车卸料管道处的加热管道，通过蒸汽加热，严禁采用明火烘烤。注意：蒸汽压力不得超过 0.8 MPa，严禁对闪点低于 55 ℃的液体介质进行加热。

7.4.4 罐顶护栏

根据罐体结构设计的罐顶护栏有气动操作和手动操作两种，气动护栏的操作开关位于爬梯附近，手动操作的护栏需要在罐顶将护栏升起或放倒。当需要到罐顶操作时，请先将护栏升起，保障人员的安全。

注意：行车过程中必须将护栏放倒！

7.4.5 底部加载系统

底部加载系统包含底部装卸料系统、油气回收系统、控制系统、防溢系统等。

底部装卸料系统，由紧急切断开关、海底阀、管道、卸料阀等组成。该系统有两道阀门，为罐车提供双重保障。在管道因意外而损坏时通过紧急切断开关关闭海底阀，不会导致持续泄漏，提高了车辆的安全性能。

油气回收系统由油气回收阀、通气阀、油气回收管道、油气回收接头等组成。罐车在装卸料时，使用该系统可减少环境污染，提高安全性能。

控制系统由气控组合开关、气控阀、油水分离器、气路、紧急切断阀等组成。通过气控组合开关、紧急切断阀实现海底阀的关闭和开启，在海底阀打开或者紧急切断按钮动作时，车辆将处于驻车状态无法行驶。

防溢流系统主要由防溢流传感器、插座及连接电缆等组成。当油库装有相匹配的设备时，接通该系统可以自动控制罐车的装载，防止由于操作失误导致液体介质溢出而造成浪费或引起事故。

7.5 危险品罐式车常见使用操作及其注意事项

7.5.1 牵引车与半挂车连接

1) 半挂车牵引高度、牵引销大小、前回转半径、间隙半径等，必须与牵引车匹配，连接前应进行检查，应避免以下情况：

(1) 牵引销的规格与牵引鞍座不一致；

(2) 半挂车牵引高度与牵引车牵引鞍座高度不匹配，连接后鞍座向前或向后的倾斜超过正常许可范围，如图 7－18 所示。

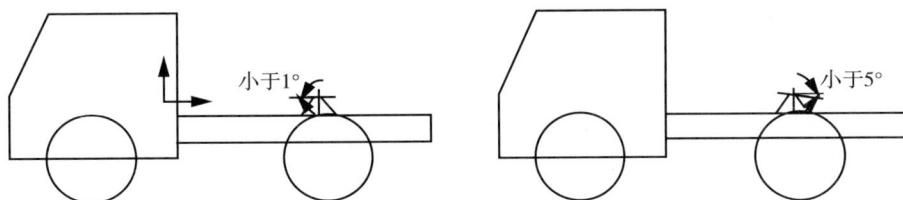

图 7－18 鞍座倾斜角度许可范围

（3）半挂车的前回转半径和间隙半径与牵引车不匹配，转弯时半挂车与牵引车部件相碰撞。

2）仔细检查牵引车鞍座工作面和半挂车的牵引销、牵引滑板上有无砂土、灰尘或其他异物，是否有足够的润滑油脂。

3）牵引车鞍座与牵引销的连接：

（1）调整支撑腿，使半挂车牵引滑板与牵引鞍座高度相适应，一般以半挂车牵引滑板比牵引车牵引鞍座的上平面中心位置低 10～30 mm 为准，如图 7－19 所示。否则有时不仅不能连接，还会损坏牵引座、牵引销及相关零件；

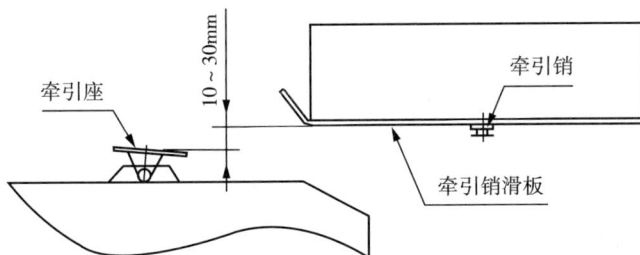

图 7－19 滑板与牵引车牵引鞍座的上平面中心位置高度差

（2）操纵牵引座锁止机构（牵引座不同，详见牵引车使用说明书），使锁止块张开，成自由状态；

（3）缓缓后退牵引车，使半挂车牵引销经由牵引座 V 形口进入锁止机构的开口，然后牵引销推动锁止块转动，锁上牵引销。牵引车倒退时，牵引车与半挂车中心线保持一致，两车中心线偏移限于 40 mm 以下。满载时两中心线夹角≤5°，空载时≤7°，如图 7－20 所示；

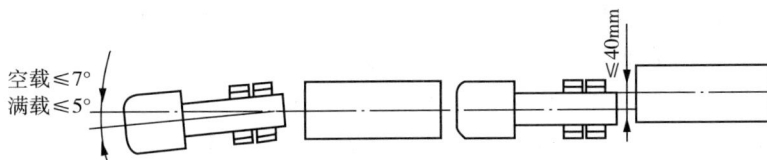

图 7－20 牵引车与半挂车中心线偏差要求

（4）检查牵引销座锁止块是否锁止了牵引销，锁止是否牢靠；

（5）缓慢前移牵引车，检查连接情况是否良好。

7.5.2 气路连接

（1）将牵引车两个气管接头分别接在半挂车两个气管接头上，牵引车的供气管路与半挂车的供气管路连接，牵引车的控制管路与半挂车的控制管路连接（接头红色为供气管路，黄色为控制管路），如图 7-21 所示；

图 7-21 半挂车接头

（2）气接头相互连通后，要拧开牵引车上的半挂车气路连接分离开关，使其处于通气状态，否则不能向半挂车制动系统供气，制动系统无法工作；

（3）启动发动机，观察驾驶室的气压表，把牵引车和半挂车储气筒内压力提高到规定的压力（一般为 650~750 kPa）；

（4）检查气路有无漏气，检查制动系统是否正常工作。

7.5.3 电路连接

（1）将牵引车的电缆连接插头，插入半挂车前端的连接插座里；

（2）检查各电极是否接合良好，确认各车灯是否正常工作，必要时可更换电极的接线。

7.5.4 装卸料

1）充装三类液体介质

（1）将导静电接地线盘夹头拉出连接到接地线桩，再将油库的导静电夹头与半挂车上的导静电铜板可靠连接；

（2）将油气回收管道与油气回收接头连接，无油气回收系统需将人孔小盖打开；

（3）将卸料管与泄油阀或者球阀连接阳端可靠连接，如图 7-22 所示；

（4）先开启主控阀，再开启子控阀，开始充装料；

（5）装料完毕后，关闭油气回收系统，盖好防尘盖，收好卸料管和接地线盘。

注意：禁止半罐运输，以避免因半罐运输对罐体及防浪板造成损伤。在车辆正常运营期间应每隔15天左右对防浪板状态进行检查，如有异样应立即停止使用并进行维修。

（a）断开状态　　　　　　　　　　　（b）连接状态

图 7 - 22　卸料软管连接图

2）卸载三类液体介质

（1）将导静电接地线盘夹头拉出连接到接地线桩，再将油库的导静电夹头与半挂车上的导静电铜板可靠连接；

（2）将油气回收管道与油气回收接头连接，无油气回收系统需将人孔小盖打开；

（3）将卸料管与泄油阀或者球阀连接阳端可靠连接；

（4）先开启主控阀，再开启子控阀，开始卸料；

（5）卸料完毕后，关闭油气回收系统，盖好防尘盖，收好卸料管和接地线盘。

7.5.5　行驶

（1）起步

操纵支腿使其底脚离开地面并升至极限位置，保证底脚离地高度不小于 320 mm（半挂车满载时），然后将摇把挂在挂钩上；检查备用轮胎是否在升降器上放置好，螺母是否拧紧；检查轮胎气压是否为规定值；检查气制动系统气压是否在规定的范围内。只有当储气筒气压达到 550 kPa 方能起步。

（2）行驶

经过上述操作后即可行驶，下坡时要严格遵守以下操作要点：下长坡或急坡时，要防止制动鼓或制动盘过热，应尽量使用牵引车发动机进行制动；不得长时间单独使用半挂车制动系统。

（3）分离

应选择平坦坚实的地面停放半挂车和牵引车，检查半挂车制动器是否处于完全制动状态。

操纵支撑装置使底座着地后继续旋转摇把，使半挂车牵引滑板抬起一定间隙，以便退出牵引车；关闭牵引车上的半挂车气路连接分离开关，然后从半挂车上卸下牵引车的供气和控制管路接头；从半挂车的电缆连接插座上拔下电缆插头；操作牵引座锁止机构，使锁止块张开；缓慢向前开出牵引车，使牵引销与牵引座脱离，从而分离半挂车和牵引车；长时间驻车时，应操纵停车手制动阀，启用制动分泵的弹簧储能制动；分离后检查半挂车各部件是否有异常，松开储气筒下部的放水阀排出筒内积水。

注意：半挂车只能在空载时与牵引车分离，禁止在半挂车载货时与牵引车分离及放下支撑装置。

7.5.6 装载易燃易爆液体介质的车辆注意事项

确保车辆行驶安全且必须注意或采取的事项：

（1）禁止装载对罐体材料腐蚀速率大于 0.5 mm/年的货物（如铝合金罐体不能拉运异丁醇、氢氧化钾、硫酸、硝酸等，具体可根据危险货物生产厂家提供的《化学品安全技术说明书》确认）；

（2）可靠地扣紧转锁；

（3）转弯时应降低车速以防止翻车；

（4）在铁道路口及不平路面应降低车速，以减少对罐体与牵引车的冲击；

（5）应正确判断装载介质总质量，不得超载使用；

（6）确保在车辆装卸时，罐体通过导静电接地盘可靠接地，以消除静电；

（7）在车辆行驶过程中，导静电接地带应保持与地面接触；

（8）装有火星熄灭器的车辆应注意火星熄灭器处于工作状态；

（9）打开或锁紧人孔盖，拉出或摇入导静电接地盘电缆线，以及在罐体上进行其他操作时，动作要轻，以免金属器件相互碰撞，发生火花，造成意外事故；

（10）车辆附近严禁有明火、电火花等发生，以免发生事故；

（11）检查车载灭火器的类型是否符合使用要求；

（12）在装卸料时，若发生安全事故，应先按下紧急释放阀，并关闭海底阀及其他气控装置，然后按照安全告示牌上的要求采取施救措施（装载液体介质应与安全告示牌上的标注相一致），并拨打急救电话求救。紧急释放阀为气动控制元件时，当按下紧急释放阀后，将进入组合开关中的气体全部排出，以达到关闭海底阀及其他气控装置，紧急释放阀一般安装于车辆尾部，如图 7-23 所示，当发生紧急情况时，需第一时间按下此装置。

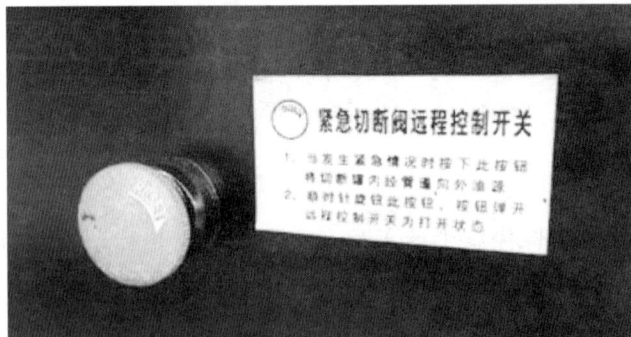

图 7-23 紧急释放阀

7.5.7 蒸汽加热、清洗

运输易凝固的介质时，由于运输路程长、时间久等原因造成罐体内壁滞留大量物料无法卸料干净时，可采用热蒸汽对介质进行升温，提高流动性，方便完全卸料。

如需进入罐体或对罐体进行焊接，则必须事先对罐体进行蒸汽加热、清洗，直至达标方可进行焊接维修。每次换装介质前亦须对罐体进行蒸汽加热、清洗，直至达标。

注意：蒸罐作业前需拆除罐体顶部防溢流探杆，并拆除罐体底部海底阀（紧急切断阀）底部易熔螺栓（易熔螺栓熔化温度为 70～80 ℃），再安装与原易熔螺栓规格相同的普通螺栓，顶开海底阀便于排出废液，蒸罐作业完成后安装复位。严禁采用明火烘烤，蒸汽压力不得超过 0.8 MPa，严禁对闪点低于 55 ℃的液体介质进行加热。

7.6　危险品罐式车常见问题排除方法

危险品罐式车常见故障和排除方法见表 7-3 所列。

表 7-3　危险品罐式车常见故障和排除方法

故障	故障原因	排除方法
制动不良、 制动缓慢	制动蹄摩擦片与制动鼓间隙过大	调整间隙
	制动蹄摩擦片过度磨损	更换制动蹄摩擦片
	气制动系统漏气使压力下降	检查漏气部件，修理或更换零件
	紧急继动阀工作不良	更换
不能解除制动、 制动器解除 制动很缓慢	紧急继动阀已有紧急制动作用	将气制动系统压力提高到规定值
	制动器回位弹簧折断	更换弹簧
	管道堵塞	检查和清除
	制动气室推杆弯曲	修理或更换零件
	制动气室推杆行程不对	重新调整
悬架有噪声	钢板弹簧折断	更换钢板弹簧
	U 型螺栓螺母松动	按要求拧紧
轮胎摆动	车轮螺母松动	拧紧
	车轴轴承烧结	更换轴承
	车轴弯曲	修正
轮毂过热	制动蹄摩擦片回位不好	调整和修理制动系统
	车轴轴承烧结	正确拧紧轴承锁紧螺母
		按时更换轴承润滑油脂
		更换车轴轴承
轮胎磨损过甚	轮胎气压过高或过低	按规定调胎压
轮胎有偏磨	过载或偏载	按规定载货

（续表）

故障	故障原因	排除方法
摇把转动 阻力过大	润滑不良	补充润滑油脂
	轴承损坏	更换轴承
	齿轮偏心或磨损	分解检查更换零件
	丝杆螺纹损坏	更换丝杆
车灯不亮	灯泡损坏	更坏灯泡
	插头或插座松动、损坏	修理或更换
	电线接头松动	接好

7.7　危险品罐式车辆日常维护保养及要领

7.7.1　日常及定期检查

日常及定期检查要求见表7-4所列。

表7-4　日常及定期检查表

检验项目		检查时间				判断标准	备注
		日常	每月	每3 个月	每12 个月		
罐体	罐体内、外表面是否有磨损、 凹坑、变形、渗漏等	●	●	●	●	不得 有缺陷	
	罐体壁厚应符合规定要求				●	应符合	
密封件	检查各处密封件的腐蚀		●	●	●	应完好	发现损坏应及时更换
呼吸阀	呼吸阀是否正常工作		●	●	●	进出气体 应正常	每3个月测量 一次呼吸阀压力 是否符合要求。
导静电 装置	导静电接地橡胶带长度是否足够	●	●	●	●	应能与 地面接触	
	导静电接地橡胶带与罐体 之间电阻不大于5欧姆		●	●	●	应符合	
	导静电接地盘与罐体 之间电阻不大于5欧姆		●	●	●	应符合	
	胶管两端之间的 电阻值不大于5欧姆		●	●	●	应符合	
火星 熄灭器	火星熄灭器内的积炭是否过多		●	●	●	确保排 气正常	过多时应清理

注："●"表示需检查

（1）在卸完液体介质后，应将罐体、管道、油泵、阀门等处的残余液体介质清理干净，以防止腐蚀；

（2）车桥、悬架等配件的维护保养参见相应配件的使用说明书中的规定。

7.7.2　车辆检查保养要领

为了行车安全，必须保养好车辆各个部件，以减少事故发生的几率。针对各重要部件，列举出如下保养部件及要领。检查时应注意：

（1）平时检查时除特殊规定外均以空载状态进行；

（2）当要抬起车轮时，应顶起车轴，千斤顶位置应在靠近钢板弹簧处；

（3）与千斤顶接触的部位应垫上厚钢板或厚木板，以防局部受力过大或打滑。

1）检查全部管路

（1）连接半挂车制动气路系统和牵引车制动气路系统；

（2）将气压提高到规定压力，从牵引车驾驶室的压力表或在应急制动系统安装压力表检查气压力；

（3）踩下牵引车的制动踏板，检查压力下降是否超过 49 Pa/h（发动机不运转），若超过应查明漏气的原因，并予以检修，当储气筒压力低于 53.9 KPa 时，不得起步行驶；

（4）如果压力下降超过规定值时，可在管路连接部位涂上肥皂水，检查是否漏气，若漏气应拧紧该部件或更换零件；

（5）关闭牵引车应急系统的转换旋塞，然后拔掉半挂车应急制动气管，检查是否制动，若不能自动制动，说明紧急继动阀存在故障。

2）检查紧急继动阀

（1）在制动系统的各项检查中，需检查紧急继动阀各部件有无漏气，在 3 秒钟内肥皂水泡直径不超过 3 毫米，视为正常；

（2）检查释放制动器是否从排气口排出废气，若是则视为正常；

（3）如果动作不灵，应更换整个紧急继动阀。

3）检查制动气室

（1）检查制动器工作时，需检查制动气室推杆是否灵活移动，是否达到规定行程（规定行程：30～35 mm），如果超过规定行程则应进行调整；

（2）在制动状态下检查气室有无漏气，若有漏气则需拧紧结合部。

4）检查储气筒

（1）行车前一定要拧开储气筒底部放水旋塞，排出储气筒内的积水；

（2）排水时会同时排出内部气体，如排气过多，应重新充气使储气筒内压力保持定值。

5）检查管路和接头

检查各管路、接头有无裂纹、破损，有则需及时修理或更换。

6）制动调整臂及制动间隙调整

操作制动时，检查刹车调整臂的工作状态，同时检查推杆行程，如果行程过大说明制动鼓与制动蹄片间隙过大，应按以下方法调整，如图 7-24 所示。

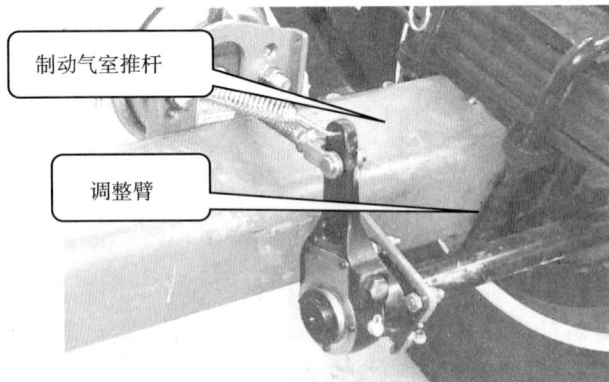

图 7-24 制动调整臂

调整制动器时，首先把调整用销轴拧向右侧使制动蹄片完全接触制动鼓，此时制动气室推杆与制动调整臂的夹角应≥90°，接着逆转销轴使推杆行程为规定值，然后使位置固定套将销轴定位，详细操作请参照车轴使用说明书。

7）连接螺栓螺母的调整

（1）检查轮轴及轮胎有无损伤、弯曲和龟裂，必要时修理和更换、拧紧和调整车轮螺母；

（2）用千斤顶顶起半挂车车轴，使轮胎离开地面；

（3）旋转车胎轮毂，用 340N·m 扭矩拧锁内侧螺母，然后再倒转 1/8～1/6 圈；

（4）旋转车轮轮毂，用手锤轻轻敲打轮毂（车轮轴承位置），检查是否顺利旋转，如阻力较大，可再稍微放松内侧螺母，直至轮毂能自由旋转而无明显摆动；

（5）放入防松圈，然后用 196N·m 扭矩拧紧外侧螺母。

8）轮胎保养

（1）轮胎气压是否合适，胎压过高可能会出现侧滑、切断、爆胎以及胎面中心的磨损加快，胎压过低可能会造成轮胎寿命缩短，轮胎磨损加速，油耗增多，以及在高速行驶时，由于离心力作用引起胎面花纹掉块等安全问题，所以包括备用胎在内均应保持规定胎压；

（2）根据载荷、路面及制动状态不同，轮胎的磨损也不同，为了使轮胎磨损趋于一致，建议定期交换轮胎安装位置（建议每行驶 5000 km 交换一次）；

（3）每天都要检查车轮螺母的松紧情况，如有需要应予以拧紧（铝合金轮辋拧紧扭矩为 645±35N·m，钢制轮辋拧紧扭矩 605±55N·m）。

9）牵引销及牵引销板检查

（1）每天检查牵引销有无伤痕和过早磨损、裂纹等缺陷；

（2）检查牵引销板有无伤痕、歪曲及异物，必要时需修理。

第8章
危险品罐式车的发展趋势

8.1　合规化的发展趋势

因危险品运输过程危险性高，一旦发生意外易造成重大损伤以及容易引发二次事故的特点，危险品罐式运输车辆的制造、运行安全成为汽车制造企业及其国家相关主管单位管理的重中之重。近年来，危险品罐式车生产、制造相关管理政策、法规标准逐步完善，安全性要求不断提升，同时，相关市场监督政策也趋于完善且管理执行力度进一步加强，合规化发展趋势凸显。

政策方面，2019 年 11 月 10 日，交通运输部、工业和信息化部、公安部、生态环境部、应急管理部、国家市场监督管理总局联合发布《危险货物道路运输安全管理办法》；2019 年 11 月 28 日，交通运输部发布关于修改《道路危险货物运输管理规定》的决定；2020 年 7 月 8 日，工业和信息化部装备工业发展中心召开视频会议，发布"关于进一步规范罐式危险品运输车辆《公告》申报工作"的通知；2021 年 4 月 8 日，交通运输部、工业和信息化部、公安部、安徽省市场监管总局等四部门联合印发《常压液体危险货物罐车治理工作方案》；2022 年 4 月 8 日，交通运输部办公厅印发《交通运输部办公厅关于强化道路货物运输重点领域安全管理工作的通知》；2022 年 6 月 1 日，交通运输部办公厅发布《交通运输部办公厅关于进一步做好道路运输安全生产专项整治巩固提升阶段有关工作的通知》。除国家相关管理政策外，多省市自治区均同步制定、发布区域性特殊管理要求，如 2021 年 8 月 9 日，安徽省交通运输厅、安徽省经济和信息化厅、安徽省公安厅、市场监督管理局联合发布《关于印发安徽省常压液体危险货物罐车治理工作方案的通知》；2020 年 1 月 3 日，陕西省交通运输厅印发《陕西省交通运输领域危险化学品运输安全集中整治实施方案》；2021 年 9 月 2 日陕西省交通运输厅、陕西省工业和信息化厅、陕西省公安厅、陕西省市场监督管理局联合发布《关于常压液体危险货物罐车治理工作实施方案的通知》等，进一步提高区域性管理要求。政策要求均对危险品罐式车管理做出细致、明确规定，从源头促进了合规化管理趋势发展。

标准体系方面，2017 年发布了《机动车运行安全技术条件》（GB 7258—2017）、《道路运输轻质燃油罐式车辆防溢流系统》（QC/T 1061—2017）、《道路运输轻质燃油罐式车辆油气回收组件》（QC/T 1063—2017）、《道路运输易燃液体危险货物罐式车辆人孔盖》（QC/T 1065—2017）、《道路运输液体危险货物罐式车辆紧急切断阀》（QC/T 932—2018）、《道路运输易燃液体危险货物罐式车辆呼吸阀》（QC/T 1064—2017）等系列危险品罐式车组件标准；2018 年发布了《运油车辆和加油车辆安全技术条件》（GB 36220—2018）；2019 年发布了《道路运输液体危险货物罐式车辆　第 1 部分：金属常压罐体技术要求》（GB 18564.1—2019）；2020 年发布了《危险货物道路运输营运车辆安全技术条件》（JT/T 1285—2020）；2021 年发布了《汽车导静电橡胶拖地带》（JT/T230—2021）、2021 年发布了国家危险废物名录（2021 年版）；2022 年发布了《道路运输液体危险货物罐式车辆金属常压罐体检验规则》（T/CFLP 0037—2022）。危险品罐式车设计、制造、检验方面的标准进一步完善，为危险品罐式车合规化管理提供了技术保障。

市场监督方面，在工业和信息化部"双随机一公开"监管方式的主导下，展开上下级联合协同检查，基本覆盖危险品罐式车企业。工业和信息化部装备工业发展中心在 2021 年 3 月发布了《关于对市场监管总局通报的涉嫌生产一致性问题进行自查的通知》、2021 年 7 月发布了《关于暂停部分常压液体危险货物罐车生产的通知》、2022 年 3 月发布了《关于核查涉嫌违规汽车产品有关情况的通知》。根据通报结果显示，市场方面基本建立起常态化、全面覆盖的监督体系，为危险品罐式车合规化管理保驾护航。

综上所述，危险品罐式车合规化管理趋势明确，且管理已初具成效。

8.2　多介质的发展趋势

近年来"一罐一品"严重制约了运输企业罐体的使用效率。在国际上，除了某些特定的危险货物采用专罐运输外，对于一般化工液体货物的罐式运输设备也未强制实施"一罐一品"。基于此，交通运输部、工业和信息化部、公安部、市场监管总局等四个部门联合印发《常压液体危险货物罐车治理工作方案》，充分考虑了行业现状和罐体多介质适装性运输效率需要，为解决业内困惑，从出厂检验的介质审核和定期检验中的介质变更两方面，明确了优化罐车准运介质的有关要求，避免了多部门管理中不必要的重复工作。需要指出的是，适装介质的审核，是一项技术性很强的工作，检验机构需要制定详细的罐体适装介质审核的技术要求，依据相关法规、标准的要求，结合每一介质的物理化学特性，审查介质与罐体结构、设计代码、罐体特殊规定、介质与罐体和附件材料的相容性、安全附件的配置以及罐体结构部件功能性要求等是否相符，并根据罐车罐体的最大允许充装量，明确介质的充装量限值，"一罐多品"将逐渐成为主流。

8.3　危险品罐式车高端智能化发展趋势

在危险品运输中，车辆安全性有着至关重要的作用。就目前而言，老式危险品运输车，在安全性上已经无法满足当下行业的要求以及国家的相关标准，其安全环保性能亟待升级，整个危化品运输行业对于高安全性的车辆需求也逐步加大。在这样的政策和市场环境下，要加强创新联动，加大高端智能化研发投入，通过采用先进的外观喷涂工艺，设置人性化的操作功能，搭载全方位传感监测系统、智能车联网平台、APP 终端、360 度环视监控系统、汽车行驶防疲劳系统、倒车防碰撞、车道偏移预警、驾驶室实时雷达预警、行车后防撞预警、变道提醒系统、汽车胎压监测系统等智能化功能，打造高端智能化危险品罐车，成为罐式运输车发展的方向。

8.3.1　汽车安全预警控制系统

1）背景

提高汽车行驶安全性，减少道路交通事故的发生，已经成为社会各界高度重视的热点。汽车交通事故的发生原因往往是复杂的，影响汽车行驶安全有关的要素主要有四类：驾驶人、车辆、道路和环境。道路提供汽车行驶的条件，道路的宽度、路面平整程度、使用的材料、道路的坡度、坡长、弧度形状和半径，奠定了汽车运行的外在基础。车辆是交通的执行者，车辆的参数和性能决定汽车能否准确持久地执行驾驶员的操作意图和按照预定轨迹运动。环境是汽车行驶的氛围条件，如周围运动的行人车辆，雨、雾、雪等天气状况。驾驶人是决定汽车行驶安全最重要的因素，在汽车行驶过程中不断从道路条件及环境获取相关信息，通过综合车辆的性能和驾驶员的经验、驾驶习惯做出判断，调节行驶车速，确保行车安全。由于受经济利益的驱使和道路环境诱导以及工作条件的限制，驾驶人非常容易忽视潜在危险而导致超载、超速和疲劳驾驶的不良行为，引发交通事故。

统计资料表明，汽车在道路上行驶时，驾驶员的人为因素是引发道路交通事故的最重要原因。德国某公司的一份研究报告指出，如果在交通事故发生前 0.5 秒给予驾驶员警告，并采取安全措施，那么能够避免 60% 的交通事故；如果可以再提前 1 秒钟发出预警，那么 90% 的追尾事故可以避免。由此可见，要提高汽车行驶安全性，降低道路交通事故的发生，减少汽车安全事故对驾驶员人身安全的危害程度和财产损失，关键在于对汽车行驶时的状态和潜在的危险信息进行提前、准确、有效的提取和判断，增加驾驶员反应时间，增强驾驶员危险意识和提高驾驶员警惕性，促使驾驶员及时采取适当的安全措施。

2）目的和意义

面对交通事故尤其是大型交通事故不断增加的趋势，汽车交通安全逐渐受到高度重视，提高参与交通行驶车辆的安全技术性能及主、被动安全性能是防止交通事故的有效预防措施。为了提高车辆行驶安全性，降低道路交通事故的发生，汽车安全辅助驾驶技术应运而生。利用安装于车辆和道路上的各种传感器获取车辆自身、道路及周围车辆的状况等相关信息，辅助驾驶人增加环境感知能力，并为其提供警告信息或协助控制功能。图8-1为安全辅助驾驶技术的基本内容。

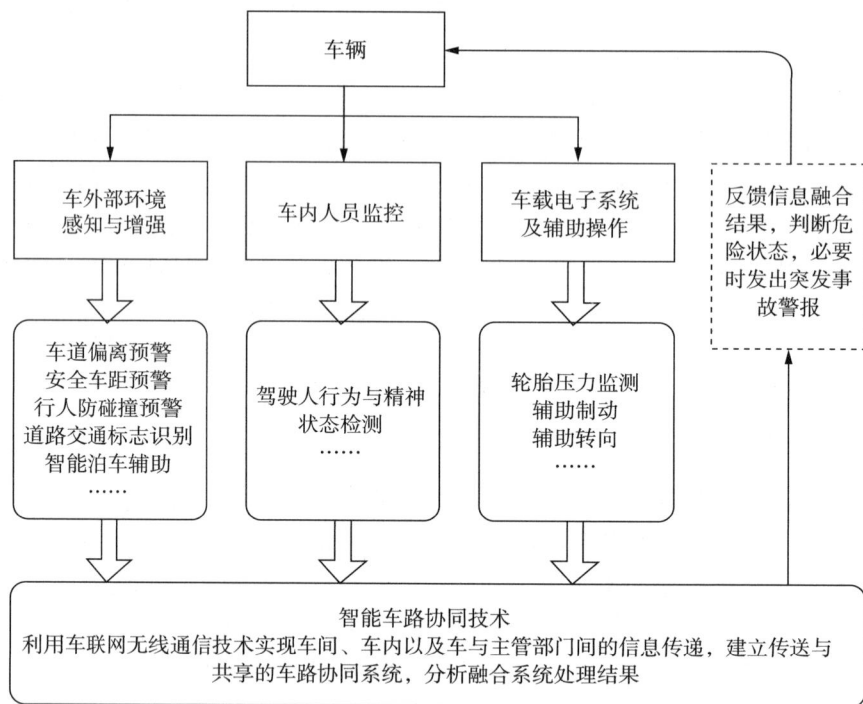

图8-1　安全辅助驾驶的研究内容

汽车安全辅助驾驶技术引起了世界各国的重视。如德国以提高驾驶人操纵车辆的有效性和可靠性为汽车安全辅助驾驶的目标，把该技术作为一种有效可靠的工具，通过减轻驾驶人的负荷、减少操纵失误来降低交通事故；美国对交通事故引发因素的观点与日本一致，认为导致交通事故的最重要因素是交通拥挤，因此，美国重点解决交通拥挤和提高汽车燃油经济性，从而降低交通事故和保护环境。

很显然，各国针对汽车安全辅助驾驶的研究内容和目标有很大的不同，开发出来的安全辅助技术产品具有固定的使用范围。因为山区道路急弯多、坡道长、隧道桥梁多，很多交通系统的基础设施不健全，当今的一些高新安全辅助驾驶技术很难应用于山区道路条件，这使得当今的主、被动安全技术应用具有局限性，不能很好地解决山区道路车辆交通安全的问题。

车辆交通事故，究其原因是驾驶员的驾驶经验和习惯对潜在危险的估计不足及存在误差，驾驶员对潜在危险的估计判断来源于对汽车结构、参数、性能了解，以及对道路条件的把握和对交通周边环境、天气的适应性协调性。由此可见，仅凭借驾驶员的经验估计车辆状态和车外环境信息，判断当前车辆状况，信息不够充分和准确，不能较好地避免交通事故的发生。

目前，汽车行驶安全领域的研究学者对汽车的行驶安全研究，主要集中在提高汽车本身的性能、主被动安全系统和道路障碍识别方面，很少有学者结合人、车、路和环境的变化方面对驾驶员的影响和危险形成的原因。

人是控制汽车运行的中枢系统，驾驶员能及时、准确地安全操纵才是将危险隔离的根本方法。面对山区的道路条件，如果能将汽车的运行状态、道路环境情况及时采集，通过计算分析，预先告知危险的种类和引起因素，做到实现道路交通系统中的人、车、路和环境因素之间的信息交互融合，使驾驶员提前感知危险的存在，拥有足够的时间纠正操作，使汽车在安全状态下运行。也可在危险状态下协助控制和降低汽车行驶车速，将汽车行驶状态控制在事故发生阶段以前，有效地防止和避免交通事故。

针对山区道路交通条件，通过对人、车、路和环境对车辆行驶安全方面影响的研究，得出潜在危险的判定理论和方法，进而设计汽车安全预警控制系统的电路和程序，通过传感器信息采集技术和单片机控制技术，实现对汽车行驶时潜在危险状态进行预警和控制，达到防止和减少交通事故发生的目的，为今后开发新型汽车安全预警系统的方式提供思路。因此、车辆安全预警控制系统的研究开发具有重要意义。

3）相关理论

在山区道路上影响汽车行驶安全的因素很多且复杂。山区道路汽车行驶安全的影响因素概述如下：

（1）从汽车自身因素分析

汽车作为现代道路交通的主要元素，其性能优劣是影响行驶安全的重要因素。汽车技术参数构成了驾驶员行车的物质基础，在众多种类的车辆组成的交通系统中，汽车处于不同运动状态下，其技术参数很大程度上决定着汽车行驶的安全程度。良好的汽车使用性能如动力性、燃油经济性、制动性、操纵稳定性、通过性、安全性、舒适性、维修方便性等的不断完善，是提高汽车行车安全的重要方法。在山区道路行驶过程中，汽车的性能尤其是制动性能对汽车的行车安全起着至关重要的作用，评价汽车制动性能的指标包括制动效能（制动距离、制动减速度、制动力、制动时间）、制动效能的恒定性、制动时的方向稳定性，影响制动性能的因素主要有轴荷分配、制动器质量、初速度、附着系数、装载及驾驶技术等。

（2）道路因素分析

道路是车辆行驶的基础设施，在很大程度上决定了交通安全。但是，在目前我国道路交通构成和结构中还存在许多不合理的情况，如：较长直线路段以及道路两旁单调的景物，极易导致驾驶员驾驶疲劳和注意力不集中，从而引发交通事故；道路弯道半径过小，汽车转弯容易侧滑或翻车；道路线型突变、"断背"等恶劣线型道路，容易使驾驶人反应不及时，最终引发危险；道路的附着系数、弯道、坡度等和汽车自身的技术性能会共同决定汽车的行驶安全状态，雨雪天气同样会引起相关参数的变化，驾驶人的行车视距过小，视野盲区过大直接对汽车的安全状态构成威胁；路面状况对汽车行驶安全有很大影响，驾驶人对不同地区的道路线型、结构和设施等交通环境的适应存在一定难度；道路上的交通标志存在数量不足、不连续以及不合理等；此外，道路周边配套设施和环境建设不协调，这些都是交通事故屡发不止的原因。

（3）人为因素分析

随着社会经济的飞速发展，交通工具也随之发展和普及，车与车、车与人之间的矛盾和冲突日益凸显。交通事故的发生往往由多个因素导致，其中人的因素起着决定性作用，许多交通事故都是由于人的原因造成的。统计资料表明，在影响道路交通事故的各种因素中，人的因素在事故的总数、死亡人数、受伤人数中所占的比例远远大于其他因素之和，而在这些因素中，驾驶人是最主要的因素。统计数据表明在各种交通事故中，与驾驶人自身问题有关的事故占 93%。

驾驶人主要有以下几种行为容易引起交通事故：一是超速、违规超车、疏忽大意、操作不当、不按规定让行。二是违章驾驶包括超速行驶、偏离规定行车线、纵向行车间距不足、违反交通信号、行车过程中与他人长时间交谈或用手机通话等。三是驾驶人对可能导致交通事故的潜在危险感知能力不足，以及对于各种突发事件的反应速度迟缓、信息判断失误或操作处理措施不当等导致事故发生。四是驾驶人不良的驾驶习惯和缺乏社会责任感也是诱发事故的内在因素。

（4）环境因素分析

环境因素是影响汽车行驶安全的一个重要因素，主要包括天气情况、道路基础设施、噪声等以及所有的交通参与者构成的大环境。驾驶人在驾驶车辆行驶过程中，利用视觉、听觉和触觉从外界环境获取交通信息，进行综合分析和判断，进而操纵车辆行驶。汽车行驶环境的变化随着地点和时间的变化而不同，这还与季节、天气、自然环境和交通流相关。自然环境因素主要表现在地理环境和地面的绿化方面。一般来说，平原地区地势平坦，易于修建道路，视野广阔，存在的交通安全隐患也较少，而在高原和山区等地由于地形复杂，道路修建盘旋险要，视野有限，存在的交通安全隐患多，不利于避险，突发情况也较多。不利的天气条件威胁着汽车行驶的安全性，在雨天、雾天、雪天和地面结冰的情况下，汽车的行驶安全性能大大降低。

4）预警控制系统方案设计

预警控制系统的总体方案：

（1）系统的功能和工作原理

汽车安全预警控制系统是通过实时感知汽车自身状态和前方道路信息及环境信息，并对这些参数进行运算分析决策，判断汽车行驶时的安全状态，通过语音、声光等方式提前告诉驾驶员潜在安全威胁的存在与否和类型，紧急情况下，决定是否需要对汽车行驶状态进行制动干预，通过强制汽车减速或停车来避免事故和提高汽车行驶安全性。因此，预警控制系统在设计上提出了以下功能要求：

①获取汽车行驶状态参数，如车速、制动器温度、载荷、加速度等；②获取即将经过道路的参数如：坡度、坡长、弯道半径、道路材料等；③获取环境参数信息如：温湿度、雨雪量等；④安全报警提示输出如：语音、蜂鸣器、显示屏等；⑤实现车辆与车辆、车辆与道路之间的信息传递；⑥实现控制车辆减速或停车；⑦实现高速运算，

根据理论模型判断危险状态。

（2）系统的组成和结构

预警控制系统的功能在一定程度上决定了系统的结构。第一，系统需要通过传感器获取信息；第二，系统需要实现车与车、车与路之间的信息传递；第三，系统的预警功能，系统能向驾驶人发出危险报警提示功能；第四，系统的自动控制功能，系统经决策判定，可强制干预驾驶人实现减速或停车。因此，从宏观上看，系统在结构上存在着车与路的信息交互结构和车与车的信息交互结构；从系统本身来看，系统由几个模块组成：车载单元、安全自动控制单元、路边单元，每个系统模块完成相应的传感器参数采集、数据传输、输出和控制功能。

① 路边单元通过传感器采集道路的环境参数信息，以及存储的道路参数数据，以无线传输的方式向经过的车辆发送数据。

② 车载处理单元接收路边设备的无线传输的数据，采集车辆自身运行参数数据，通过 GPS 模块和 GPRS 模块实现车辆信息交互，判断车辆本身的安全状态，执行预警控制策略，通过语音、蜂鸣器和显示屏提醒驾驶员或者发出强制干预控制指令，使汽车减速或停车。

③ 安全自动控制单元它通过接收车载单元的指令，通过控制节气门或制动器使车辆减速或停车，实现车辆安全自动控制。车载单元与安全自动控制单元以硬件数据线连接，同属一个车载系统，安装在汽车上运行。路边设备安装于道路的不同地方，与车载单元以无线方式建立连接，车载单元每次只能与一个路边设备连接，并且需要到达路边设备的无线覆盖范围内。系统模块划分结构如图 8-2 所示。

（3）系统总体设计方案

组成预警控制系统的三个模块每一个模块都需要完成自身的工作任务，对每一个模块内部结构的设计是各子系统功能实现和整个系统正常运行的前提。

① 路边单元采集道路环境信息以及存储道路参数数据以及使用无线模块向外发送数据，本系统中采集的道路环境数据为温湿度，路边单元的结构方案如图 8-3 所示。

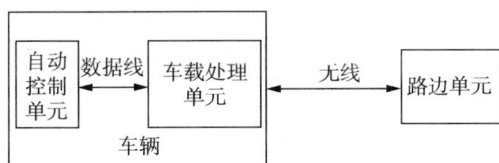

图 8-2　预警控制系统结构组成　　　图 8-3　路边设备结构

② 车载处理单元完成最复杂的任务，采集参数包括：车速、制动器温度、载荷、加速度、雨量；报警提示部分包括：显示屏、蜂鸣器、语音；通信部分包括：无线数据接收、控制指令串口发送，还包括对 GPS 定位模块和 GPRS 通信模块的控制和处理。车载处理系统的总体结构设计方案如图 8-4 所示。

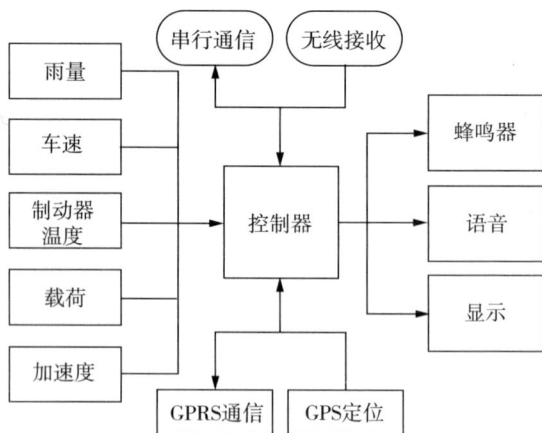

图 8-4　车载处理系统结构

③ 安全自动控制单元完成制动、减速任务，在紧急情况下保证汽车的行驶安全。系统通过串口通信方式与车载处理单元通信，接收控制指令，制动和减速通过电机控制节气门和控制制动踏板力实现，同时通过传感器检测节气门和制动踏板力的值判断执行情况。自动控制系统总体结构设计方案如图 8-5 所示。

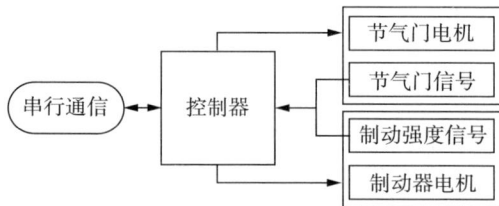

图 8-5　安全控制系统结构

④ 车载系统的总体连接方案完成了预警系统功能模块划分并明确了系统的结构，方便对系统的总体连接方案进行设计。为简化系统的设计和提高系统的可扩展性，采用模块化设计方案，对车载单元总体上的硬件进行连接有两种设计方案：基于 CAN 总线的设计方案和基于集散式系统的设计方案。

基于 CAN 总线的设计方案采用 CAN 网络连接各个子系统和传感器，汽车安全预警控制系统由原来的传感器信息采集系统、信息处理系统和控制系统可以划分为更细的部分，传感器采集系统可以看成是多个节点直接挂载到 CAN 网络上，综合信息处理系统通过 CAN 网络接收传感器采集到的数据，运算和发出的控制报警相关的状态和指令在 CAN 网络上传输，挂载在 CAN 网络上的控制系统从网络上提取控制指令，控制的状态和结果返回并发送到网络上。总之，通过一个 CAN 网络将系统的各个部分有机地连接在一起，使得硬件设计结构更加清晰和简化，如图 8-6 所示。

基于集散式系统采用分布式传感器采集信号，集中信息处理和分布式控制结合的设计方案。在该方案中，传感器的信号采集、综合信息处理运算以及控制分别由模块本身完成，系统各司其职，各级系统通过单、双向通信接口连接和传递数据，既简化了系统的设计，又保证了系统的实时性和各个系统模块硬软件在设计上的独立性，如图 8-7 所示。

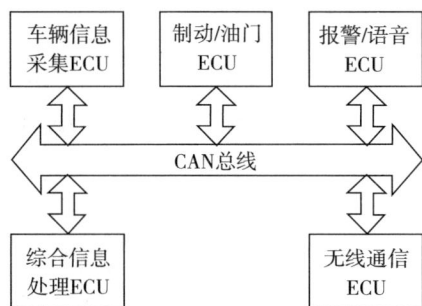

图 8-6 基于 CAN 总线的设计思路举例   图 8-7 基于分布式系统的设计思路举例

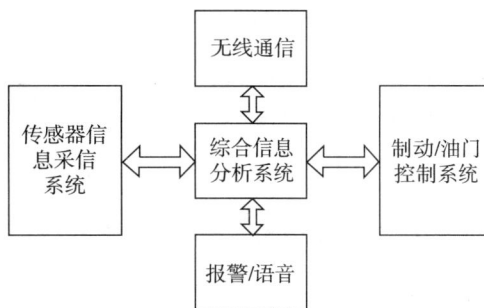

方案的比较和选择：

采用 CAN 网络构架实现系统连接的优点。CAN（Controller AreaNetwork）是控制器局域网，是一种应用广泛的现场总线技术。采用 CAN 实现数据传输具有优秀的可靠性、灵活性和实时性，是一种主要应用于分布式或实时控制系统的串行通信网络。

采用集散式连接系统方案的特点：集散式是相对于集中式而言的，系统连接方案是采用集中管理和分散控制相结合的集散控制系统。这种连接方式克服了集中式控制系统的缺点：单一主机任务繁重，模块间布线复杂，监测的实时性不高，可靠性不高。集散式控制方案稳定可靠、灵活、经济、扩展性强。每一个对象都是通过单独的功能模块进行监测和数据处理，只将有用数据传递给主控设备，降低了主控系统的工作负荷，从而避免了集中控制方式导致的危险集中的缺点。集散式还避免了复杂布线，减少了硬件电路的设计。

使用 CAN 总线的方案具有很多优点，但是设计 CAN 网络除了要设计通信处理硬件，还需要软件的支持，对软件进行设计。在硬件设计上 CAN 总线需要三个部分组成，除了微控制器，还包括 CAN 控制器与收发器。这就要求系统网络上的每一个节点都需要进行软件和硬件设计，硬件上需要具有 CAN 控制器的 ECU 支持，软件上需要设计适合该系统的 CAN 协议。相对而言，系统的节点数较少，设计成本明显提高，无法体现出 CAN 总线的优势。而使用普通的集散式系统方式已经能够满足系统设计要求。

8.3.2　全方位传感监测系统

GPS 车辆监控系统，是为了加强车辆的可视性运行管理而建立的集成系统，采用 GPS 全球卫星定位技术、GIS 地理信息技术、移动通信技术以及计算机处理技术等构建而成，通过管理中心和车载终端来帮助使用单位实现车辆的监控调度管理。

8.3.3　智能车联网平台

借助新一代信息通信技术，实现车与车、车与路、车与人、车与服务平台之间的全方位网络连接，从而对信息网络平台中的所有车辆动态信息进行有效利用，在车辆运行中提供不同的功能服务。

8.3.4 APP 终端

车载终端设备就是在 IT 领域终端的处理设备，是用户输入数据以及输出运算结果的载体，广义上可以理解为 PC、智能手机、平台电脑之类的常见智能设备，应用在汽车上就是车载终端，属于车辆监控管理系统的前端设备。

8.3.5 360 度环视监控系统

随着经济不断发展，多轴距载货车得到广泛应用。但随着车长的不断加长，驾驶员的侧后视野受到很大的限制，盲区增大给车辆自身及周围环境带来很大的危险，因此 360 度环视系统非常有必要安装在多轴距载货车上，它可以辅助驾驶员识别道路两侧及行驶前后方的环境障碍物，并及时给予驾驶员安全提示，从而对提高车辆在复杂环境下的快速机动能力和行驶安全性具有重要的意义。

（1）系统组成和工作原理

360 度环视系统由前视组件、后视组件（后视摄像机、雷达、控制盒）、侧视组件、综合显控组件（显示单元、主机盒）以及系统电缆等组成，系统采用模块化设计，各分系统可以进行组合，便于用户使用，系统组成图如图 8-8 所示。前视组件主要包括前侧视摄像机、辅助照明、滤波模块、结构件等；侧视组件主要包括左侧视摄像机、右侧视摄像机、辅助照明、结构件等；后视组件主要包括后视摄像机、辅助照明、滤波器、倒车雷达、结构件等；360 度环视系统电缆主要包括各设备间信号线、电源电缆等，各条电缆的插头与插孔唯一对应，线缆上有编号。

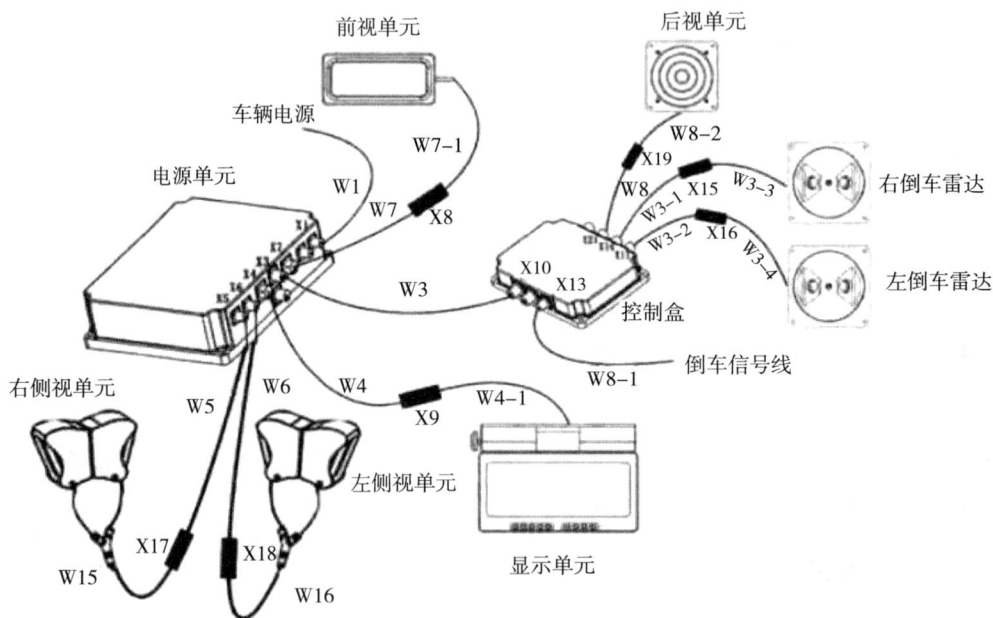

图 8-8 360 度环视监控系统组成框图

（2）综合显控组件

综合显控组件将前视组件、后视组件、侧视组件采集到的视频图像，在显示单元上进行实时显示、回放和按键切换等，并将显示内容由主机盒进行存储，视频拼接板和高清板根据传感器信号反馈，自动进行图像拼接和前后视图像切换。综合显控组件由主要由液晶屏、融合板、屏控卡、LED 驱动板、电源模块和综合处理模块组成。外部 24 V 直流电经过滤波器供给电源模块；电源模块额定输出为 24 V/5 A、12 V、5 V/3.3 A，为综合处理模块、屏控卡、视频切换模块供电。通过电源控制模块时序控制之后，分别给内部板卡输出 5 V 电源和外部设备输出 12 V 电源，供电顺序为先 12 V/3 A 供电，后再以 5 V 供电。

（3）前视组件

类型：可见光 CCD 探测器

视场角：不小于 87°×71°

像素分辨率：不低于 768×576

利用前侧视摄像机采集前方路况信息，采用图像采集和拼接技术，采集范围广，拼接后水平视场角大，图像细节清晰，辅助驾驶员识别道路及行驶前方的环境障碍物。前视组件安装在驾驶室进气格栅，前视组件带过渡支架，安装时接到驾驶室上，顶部安装面积不小于 232×165（mm），安装后不超出驾驶室面罩前沿，不得影响其他设备的正常使用和维护。在结构安装上应考虑整车振动对前视组件成像的影响，通过隔振机构设计，消除汽车振动的影响。

（4）后视组件

① 后视影像

类型：可见光 CCD 探测器

视场角：不小于 87°×71°

像素分辨率：不低于 768×576

② 雷达探头

类型：超声波测距传感器

探测距离：5 m

警告距离：3m

精度：0.1 m

雷达探头对传递回来的反射波进行扫描，当扫描到反射信号时，即产生电压信号。雷达主控板卡将探头提供的电压信号转化为数字信号，后视影像 CCD 视频信号经过叠加处理，形成带有距离数字显示及语音告警的复合信号，然后输出至综合显控组件供调配使用。后视组件工作原理如图 8-9 所示。

利用后视摄像机、倒车雷达采集车辆倒车信息，为驾驶员提供后视影像、距离标尺及雷达预警等信息，方便驾驶员进行观察。

③ 侧视组件

类型：可见光 CCD 探测器

视场角：不小于 54°×34°

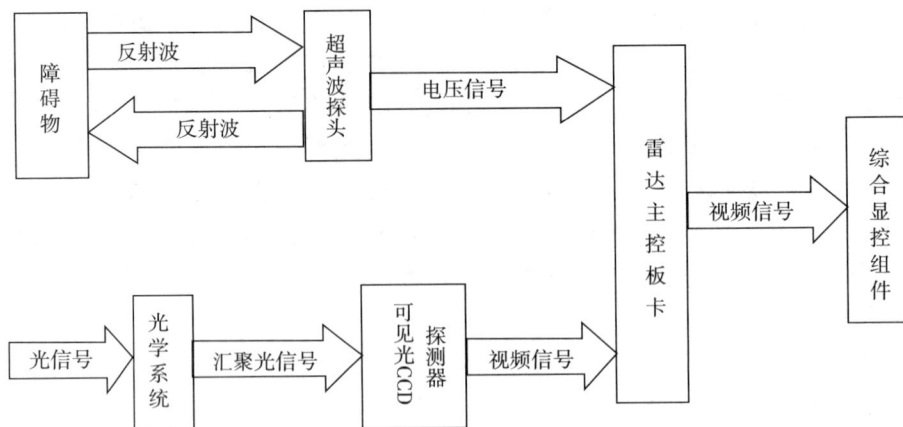

图 8-9　后视组件工作原理框图

像素分辨率：不低于 768×576

侧视影像 CCD 将可见光信号转为视频信号然后传输给雷达主控板卡进行图像处理，最终与后视组件提供的后视影像融合成分屏视频，输出至综合显控组件供调配使用。侧视组件工作原理如图 8-10 所示。

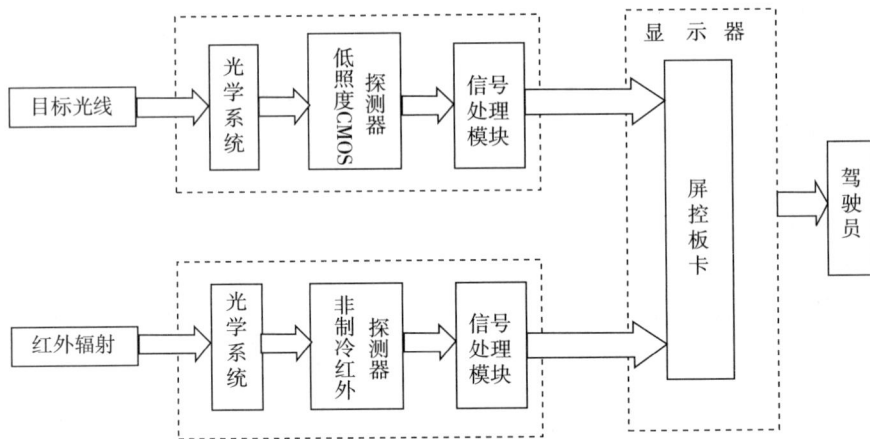

图 8-10　侧视组件工作原理框图

利用侧视摄像机采集车辆左右两侧路况信息，辅助驾驶员识别车辆侧向行驶风险。

④ 主机盒

录像存储：连续存储不小于 24 h，所有单元采用六画面分割存储、回放。

主控单元出线方向：单侧出线，车外方向。安装位置在驾驶员下方、驾驶室外部。具有录像存储、导出功能。

（5）车辆监控范围

系统各分组件在车辆上形成的监控区域如图 8-11 所示。

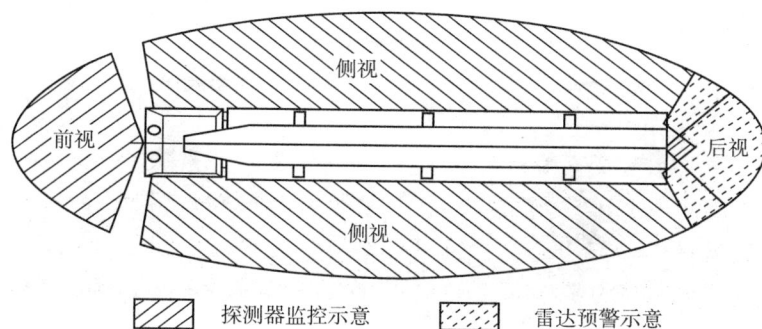

图 8-11 系统分组件在车辆上的监控区域示意图

显示方式有以下三种。

方式一（前视）：显示器显示前视组件图像，显示示意如图 8-12 所示。

方式二（环视）：显示器采用五画面分割显示，左右两侧分别显示左右侧视图像，中间画面显示前视中间摄像机图像，如图 8-13 所示。

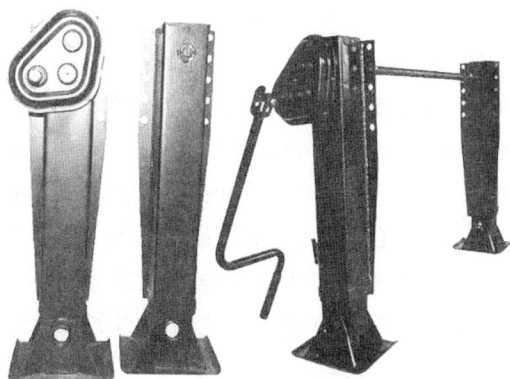

图 8-12 前视拼接图像显示示意图

图 8-13 环视图像显示示意图

方式三（后视）：当车辆处于倒车状态时，显示器采用五画面分割显示，左右两侧分别显示系统左、右侧视图像，中间画面显示后视图像，如图 8-14 所示。

图 8-14　后视图像显示示意图

8.3.6　汽车行驶防疲劳系统

疲劳驾驶是导致交通事故频发的原因之一。为了减少交通事故的发生，需要构建一套完整可靠的防疲劳预警系统。系统采用 ARM9 处理器完成精确控制，采用 Zigbee 短距离无线进行实时预警，运用人眼虹膜识别技术实现准确监测。这三者的结合将大大提高系统的可行性与精确性。

（1）疲劳驾驶预警系统的理论背景

疲劳驾驶是驾车行驶一段时间后产生的反应力下降而不能维持正常开车的现象。此时，驾驶员的生理表征为由视力下降导致的注意力不集中、眼神涣散；由思维变慢导致的反应力下降、动作迟缓；此时，驾驶员的自控能力同步降低，易于出现无法维持正常的驾驶车辆的行为。大多数的疲劳驾驶预警系统都是根据这一现象而设计的。当驾驶员出现疲劳迹象，如反应变慢，或出现睡眠迹象，预警系统将会通过语音或振动来提醒驾驶员，及时避免交通事故的发生。疲劳驾驶预警系统是一种通过监测驾驶员各项生理特征，如面部的某些变化、眼睑及瞳孔的特征、头部的运动改变等，由这些变化判断驾驶员是否疲劳。其中，通过观察眼部的变化判断较为准确，因为人在清醒和疲劳状态下的眼部变化较大，所采用的虹膜识别正是利用了这一点。国外对疲劳预警系统的研究比较早，相关的技术也更为成熟。尤其在一些汽车工业较为发达的国家，已经将此套系统应用于所售车辆，此举大大提高了汽车的安全性。疲劳预警系统的国内研究成果主要是依据汽车方向盘及脚踏研发出的一套疲劳预警系统，原理是依据传感器检测方向盘和脚踏的所处状态来判断驾驶员是否疲劳。当方向盘和脚踏较长时间无运动，则说明驾驶员已疲劳，需及时启动报警装置。

（2）疲劳驾驶预警系统的基本方案

采用传感器检测方法、图形图像采集技术、Zigbee 短距离无线通信等技术，结合实际的汽车控制系统。通过采集道路及车辆的图形、图像和传感器的检测，来推测道路是否需要路灯，此结果由中央控制系统进行分析。此外，利用 Zigbee 短距离无线进行监测，保证预警系统的正常开闭。采用虹膜识别技术，保证此系统的精确性。预警系统将采用语音及振动提醒，用以提示驾驶员及时休息，避免产生灾难性的结果。

（3）疲劳驾驶预警系统的研究内容

预警系统有利于消除安全隐患，在最初的设计与研究中应该考虑一些问题：①安全性。疲劳预警系统是一种通过监测驾驶员是否处于疲劳的状态，进行及时预警，从而防止交通事故的发生。但如果该系统本身存在一定的安全隐患，或是驾驶员未疲劳，而预警系统已产生相应的措施来应对，反而会影响正常的驾驶情况。②实时性。疲劳预警系统的实时性是其准确发挥作用的前提。采用的传感器检测和 Zigbee 短距离无线技术就显得尤为重要。③性价比。一套完善的疲劳预警系统的普遍应用，取决于其经济实惠性。因此其成本需保持在可控范围内。④适用性。如果这套预警系统的实验非常成功，该套系统应普遍适用于各种车型，并且不会给驾驶员的正常行驶带来不便。基于以上几点考虑以及"驾驶安全"的人体防疲劳预警系统，将采取眼部识别的虹膜识别技术。

（4）未来的疲劳驾驶预警系统的发展与展望

随着交通事故的逐渐增多，有关疲劳驾驶预警系统的研究也会更多、更详尽，智能化的浪潮推动着当代社会的科技进步与蓬勃发展，未来也会有更先进、更安全可靠的技术来支持这一研究。目前较为先进的人眼虹膜识别技术已应用于此项研究中，未来也会有更为先进的观测方法，这需要科研工作者的不懈努力以推动科技的不断革新，以适应人类的生存与发展的需要。

8.3.7　倒车防碰撞

倒车自动防撞系统是智能汽车的一部分，是防止汽车倒车时发生碰撞的一种装置，能够自动发现可能与汽车发生碰撞的车辆、行人或其他障碍物体，发出警报或同时采取制动或规避等措施，以避免碰撞的发生。

8.3.8　车道偏移预警

车道偏离预警系统属于车辆导航系统的范畴，通过安装在汽车挡风玻璃正前方的行车记录仪采集道路上的路况图片信息，利用相关的图像处理技术对目标图像进行处理，对车辆是否在正常的车道线内行驶进行判断，并反馈给驾驶者，最终实现对车道线的检测与识别。

该系统主要分为三个部分：车道标识线的检测、车道标识线的识别以及车道标识线偏离的判断方法。其中车道线的检测部分也相当于一个图像预处理、特征提取的部分。在该部分运用了图像灰度化、均值滤波、最大类间方差法实现二值化、直方图均衡化、垂直边缘检测等图像处理的方法，得到了初步的具有车道线特征的目标图像。在车道线识别的部分，采用对感兴趣区域分段划分的方法，并在传统的霍夫变换及 B 样条曲线上进行改进，分别实现了直线车道线以及曲线车道线的识别。车道标识线判断是否偏离的部分采用了基于车道线角度的方法对汽车是否偏离原有的车道线做出判断，最终实现了车道偏离预警系统的基本功能。

1）背景与意义

根据相关数据表明，在多起交通事故之中，有多于三分之一的事故都是由于汽车驾驶者的疲劳驾驶或是疏忽大意偏离车道线而引起的。据美国有关部门给出的数据显示，44％的毁灭性交通事故是由于驾驶员偏离车道线所引起的。其中，每年由于单车车道偏离而引起的事故涉及经济损失多达上亿美元，而人员伤亡也多达数万人。据美国联邦公路局估计，如果使用能够检测并预测车辆是否偏离的系统，就能够防止多于一半的由于车道偏离而引起的交通事故。由于车道偏离而引起的交通事故更多地出现在大型车辆中，据不完全统计，在大型卡车的交通事故中有高达97％的比例是由于驾驶员的疲劳驾驶或注意力不集中而引起的。在我国，根据公安部门2010年1月公布的数据，2009年全国发生的交通事故共238351起，其中死亡人数多达6万人以上，所造成的经济损失近9亿人民币，而这中间大约有三分之一是由于车道偏离车道引起的。造成这些事故的原因，主要是由于驾驶者的疏忽大意，注意力不集中，或是开车期间过于疲惫。

安全辅助驾驶技术的引入为解决交通安全问题起到了很大的缓解作用，无论是在缓解交通的堵塞还是环境污染方面都做出了很大的贡献。车道偏离预警系统主要针对在驾驶过程中由于驾驶者的疏忽大意或是疲劳驾驶而引起的车道偏离现象做出预防，以免事故的发生。同时，也能规范驾驶员不规范的驾驶习惯，如不打转向灯等。当汽车发生偏离正常车道时，系统会立即给驾驶员以提示，并给予驾驶员足够的时间以做出判断，由此来加大汽车驾驶的安全性。

2）国内外研究现状

（1）国外研究现状

国外已经将车道偏离系统广泛应用于车辆中，技术水平也相比国内先进。其中较为熟知的是，Iteris公司的AutoVue系统、卡耐基梅隆大学下属智能机器人学院推出的AURORA系统、Mobileye公司推出的Mobileye_AWS系统、日本三菱公司推出的DSS（Driver Support System）系统等。其原理都是通过车道偏离的现象发生前就给驾驶者一个提示信息，以便让驾驶者做出相关的判断，从而防止事故的发生。

基于多样条的多车道跟踪系统，在车道线的检测以及跟踪方面具有很强的稳定性，是将Catmull-Rom样条与改进的卡尔曼滤波相结合，能够更准确更灵活地拟合出道路模型，与此同时采用KalmanFilter的方法也能够相对稳定地预测出车道线走向。

基于消失点的车道标识线检测方法，包含了智能车辆系统的车道标识线跟踪及车道标识线识别的功能。在该系统中提出了对于车道线视频实时检测的算法，即利用寻找快速消失点来实现预测估计车道线的目的。利用直线检测算法实现对线段的检测，再利用基于夹角的限制条件实现车道线的识别，通过确定消失点的位置实现对车道标识线的跟踪。最终该系统实现了平均12 ms的速度处理一张640×480的图像。

（2）国内研究现状

近年来，我国在安全辅助驾驶领域做了很多研究，多数以算法的分析与改进为主。

吉林大学的团队成功研制出了JDEF-LDWS基于单目视觉的车道偏离预警仪，通过建立图像的特征区来调节摄像机的亮度等参数，使车道线标识与周围道路的对比度加大，减少算法的运行时间，提高了实时性。该系统在传统霍夫变换的基础上加以改进，设置具有较高鲁棒性的相关参数，最终能够达到对车道线实时检测、判断偏离的目的。

基于单目视觉的车道偏离预警系统，采用 CIELab 彩色空间信息对不同颜色的车道线进行分类，从而实现车道线的识别。采用霍夫变换完成直线的拟合，在此基础上采用 Kalman 滤波的方法完成对车道线的跟踪，有效地降低了车辆晃动、光线状态不好等干扰，从而保证了对车道是否偏离判断的准确性。但此系统仅在 Matlab 上进行了仿真并未产品化。

3）研究内容

车道偏离预警系统技术的研究属于车辆安全驾驶领域，主要针对驾驶员在驾驶车辆时容易疏忽大意或疲劳驾驶而发生偏离正常行驶车道的现象。采用机器视觉技术，对各环节的算法进行仿真、对比以及分析，从中提炼出较为优化的算法，在现有的基础上改进算法，最终给出一种具有较强功能以及鲁棒性的车道偏离预警系统的算法，系统流程如图 8-15 所示。

4）图像的预处理及车道线检测

在检测、识别车道线的过程中，首先是要对车道线的特征进行分析，通过图像预处理得到车道线的特征点，再根据特征点选择适当的算法对曲线进行拟合，最终得到清晰完整的车道线。而在车道标识线采集的过程中，由于图像的传输，图像质量会受到光照的强度、天气的变化、路面平坦性、障碍物等影响，导致拍摄出的图像含有大量的噪声，为了提取出准确的车道标识线信息，必须对图像采用灰度化、均值滤波、二值化、开运算等方法进行预处理。

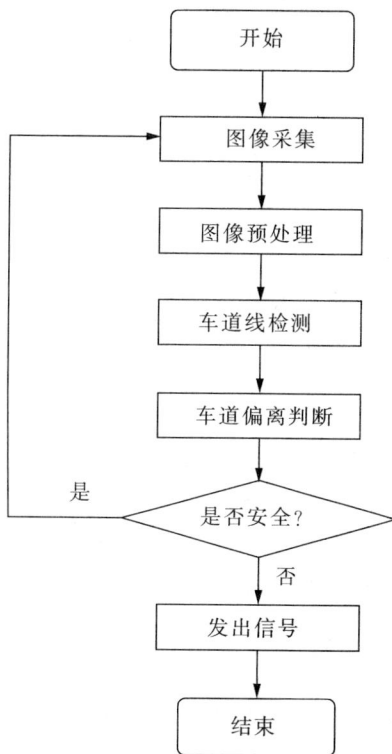

图 8-15　车道偏离系统流程图

（1）车道线图像的采集

将高清车载数字摄像仪安装在车辆挡风玻璃的正中央，对车辆行驶的正前方拍摄720P 的视频录像，从视频流中读取车道的路况图像信息，并依据此信息进行车道线的检测与识别等处理。

（2）图像的灰度化

灰度图像以亮度信息作为衡量标准，每个像素的数字都表示物体的亮暗程度，不含有彩色信息，图像灰度值的取值范围在 0～255，其中取值为 0 时代表黑色，取值为255 时代表白色，如图 8-16（b）为图像灰度化的效果图。

由于彩色图像可分为 R、G、B 三个分量，每个部分的变化范围都在 0～255，也即每种颜色的选取方式有 256 种。三个通道都考虑进来，每个像素点的取值有 1600 多万

（a）原图　　　　　　　　　　（b）灰度图像

图 8-16　图像的灰度化

种，加大了计算量。采用彩色图像灰度化的处理，能够大大地减少信息量，减少了后续算法的运算量及运行复杂度。

采用平均值法对目标图像进行处理，将其转换成灰度图像，平均值法也就是将图像的三个颜色通道求和并且取平均值，最终得到该像素的亮度值，如式（8-1）所示。

$$GrayValue=\frac{1}{3}\times Red+\frac{1}{3}\times Green+\frac{1}{3}\times Blue \qquad (8-1)$$

5）图像的平滑处理

在图像的传输过程中，多种外部和内部因素的影响都会对图像的质量造成影响，对图像的后续处理带来很大的干扰以及误差，使得图像处理的结果受到影响。平滑处理能够降低噪声对后续处理的影响，平滑处理可以理解为模糊目标图像的一个行为，将其中的异常突出点消除，以达到减少噪声的目的。

6）图像的灰度变换增强

图像增强的特点是突出所采集样本中的一些重要特征，削弱易混淆特征或是干扰噪声。灰度变换增强的主要作用是提高采集样本的质量，增强对比度，使得后续的操作步骤能够顺利进行。

灰度变换增强就属于图像增强的一种，由于图像在获取的过程中外界的干扰会对原有图像质量造成影响，并且由于拍摄条件的限制使图像的直方图不均衡，主要元素集中在几个像素点的附近，利用灰度变换增强可以增强图像的对比度，将图像模糊、对比度不强的图片，其像素值按一定规律分配在各个区间，使各个像素值都能够按照一定规律分布并且增加图像的对比度。

7）图像的二值化

图像二值化是用来研究灰度变换将信息量复杂的图像简化成仅由两个亮度级来表示的图像，从而提取出目标信息。最基本的方法是先设定一个阈值 T，以 T 的取值为界限，将图像中的每一个像素点分成大于 T 以及小于 T 两个部分。通过以上的操作，可以将目标图像分成目标和背景两个部分，因此可以减少噪声对图像的干扰，使得图像更清晰简单明了。需要注意的是，阈值的选取对于二值化的效果至关重要，若是阈值 T 的取值过低，就会导致道路上的阴影等被误认为是车道标识线的一部分，会直接影响车道标识线检测的准确率；同样地，如果设定阈值 T 较高，道路上过亮的部分会被划分到背景的范围内，会导致许多细节信息的损失。

8）图像的形态学操作

集合论是数学形态学的基础。数学形态学的目的是发现图像中对应形状来实现图像分割的功能，即从目标图像中提取出有用的图像分量，例如边界等，还可以用于图像的预处理、后处理的过滤、修改等。常见的形态学基本操作一般是成对出现的反向操作。通过这些基本的形态学操作，可以推导出很多使用的算法应用于图像处理领域。数学形态学经常被运用到图像处理中，是因为能够减少图像中的噪声干扰，并且保持图像的原有形状。

9）边缘检测

图像的边缘作为图像处理中一个重要的基本特征，能够体现出物体之间的界限，在边缘处图像的灰度级会有阶跃性的变化。边缘检测在图像处理中所起到的作用十分有效，能够勾勒出所需要的目标特征，并且图像的边缘还包含了很多重要的图像信息，如方向、阶跃性、形状等，图像边缘反映了图像中某些局部部分的不连续性。

边缘检测是将目标图像中的局部不连续部分检测出来，再将它们连接成边界，进行特征提取等处理。

10）霍夫变换的原理

直线检测是图像处理中的基本操作，算法有很多种，例如链码法、隐马尔科夫算法、贝叶斯法以及霍夫变换。相比于其他的算法，霍夫变换被认为是能够提取参数化曲线的强大工具，对噪声不敏感。霍夫变换能够准确地提取出直线，还可以实现圆、椭圆甚至是其他一些自然形态的检测与识别。这里将对霍夫变换的原理、性能、优缺点进行分析，并在此基础上给出更适用于该系统的改进方法。

目标图像经过前期的预处理后，再对其进行车道线识别的操作，常用的方法有：霍夫变换、动态规划、立体视觉、模板匹配以及区域生长法。

车道标识线的识别是对道路图像的一种后处理过程，其中最常用的方法是霍夫变换，而其他一些算法采用基于方向或似然函数的方法来加强或衰减特征，并通过立体视觉的方式来识别特征。动态规划也可以被应用到车道线的识别，其作用类似于霍夫变换，同样可以消除异常点。模板匹配的方法，是根据先前采样总结的经验，对不同道路的情况事先做出一些模板来用于道路的检测，然后通过实际采样的道路图像与之前已经做好的模板进行匹配，选取与实际道路最匹配的模板。这种方法的缺点是，由于实际检测的道路情况十分复杂、多种多样，想要用集中模板就能将不同的道路情况表现出来是十分困难的。如果想通过增大模板的面积来提高检测率以及其抗干扰性，就会使得一些较复杂的道路情况更难于匹配，增加道路识别的时长，不宜实现实时性检测。区域生长是先在车道标识线上取一个像素点，在该像素点的邻域内寻找是否有特征相似的像素点，然后利用曲线将这些相近的像素点相连接，以该种方式继续完成区域增长，直到这样的生长环节结束。在该方法中特征相近的像素点的确定是非常关键的。一般情况下，会在道路上先找到"种子"点，然后再进行区域生长，最终求出该区域的补集确定车道线边界。该方法由于计算量太大，并且要先计算道路区域再进行检测，加大了检测的时间，并不适用。

霍夫变换是最常用的方法之一，通过对目标图像的坐标进行变换，使目标图像上的像素点在另一个坐标空间特定的坐标上出现峰值，并且检测出峰值位置也就是想要检测的曲线。例如直线的方程 $y_1 = kx_1 + b$，相应的在参数空间只需要一个坐标 (ρ, θ) 来表示。霍夫变换能够通过目标图像的整体信息来检测出曲线，其鲁棒性、抗干扰性非常好，但同样计算量就会相对增大，不易于实时监测目标。如果道路形状特别复杂，就会导致参数空间的参数变得复杂，这样找出峰值也并不容易，于是提出了霍夫变换的改进方法，通过与清零法相结合，选取具有一定规律的车道线特征点，仅对这些特征点进行拟合，并且添加一系列的限制条件，以达到简化霍夫变换、缩减运行时间的目的。

8.3.9 行车后防撞预警

后碰撞预警功能（RCW）是指车辆行驶过程中，通过雷达实时监测本车后方目标，当系统检测到后方有正在快速接近的其他移动目标，且存在碰撞风险时，系统将发出报警信息并开启双闪，提醒后方车辆减速或保持安全车距。

8.3.10 变道提醒系统

车辆变道预警系统，简称 BSD，主要是采用毫米波雷达做为探测安置，在汽车行驶过程中，不断对车辆的侧、后方盲区进行探测，可以在一定范围内探测到旁边车道上其他车辆的当前位置、行驶速度和行驶方向等信息。如果有其他车辆或者行人进入盲区内，车辆变道预警系统就会通过声音和灯光来提醒驾驶员，避免驾驶员因没有观察到后方车辆而变道，从而出现危险的可能。由于车辆变道预警系统主要采用毫米波雷达做为探测装置，可以全天候使用，可以适应更多的场景和天气，可以对汽车两侧 $0.3 \sim 15$ m 范围内的多个目标进行全方位监控。

8.3.11 汽车胎压监测系统

爆胎现象是目前高速公路上最大的隐形杀手之一。交通部门最新统计结果显示：爆胎引发的交通事故概率仅次于酒后驾驶引发的交通事故概率，排名第二，交通事故中造成的伤亡人数是所有交通事故中的第一位。其中爆胎引发的交通意外 80% 来源于轮胎压力不足。轮胎压力低就会导致轮胎变形，轮胎壁是很薄的，其与路面进行全面充分的接触后会摩擦发热进而发生破裂导致轮胎爆胎。汽车胎压监测系统、安全气囊系统以及安全带系统装备并称三大安全系统，可以保证驾驶者的行车安全。

1）胎压监测系统的原理

在汽车静止或行驶过程中，胎压监测系统实时自动对轮胎的压力和温度以及胎压传感的电量等信息进行采集无线转发，并且胎压监测系统将轮胎的高压、低压、高温、低温以及快速漏气和传感器电量低等报警重要信息及时传递给行驶汽车的司机，使其快速了解车辆的轮胎信息，以避免车辆行驶过程中爆胎现象的产生，保证汽车驾驶员的行车安全。

2）胎压监测系统的组成

胎压监测系统是由组合仪表显示界面、胎压监测系统控制器以及 4 个传感器组成的。其中，胎压传感器放在轮毂内侧并与气门嘴组成在一起。胎压控制器盒放在车身中心防水且电磁干扰小的位置上，即换挡支架下面。另外，组合仪表专门有一个界面来显示轮胎的气压、温度、传感器电量等胎压监测系统的主要信息。胎压监测系统的具体工作流程是：首先，胎压传感器对轮胎的压力、温度以及其本身电量多少进行采集监测；然后它通过无线方式传递给胎压监测系统控制器盒，胎压监测系统控制器盒进行逻辑判断解码；最后，它将判断结果通过 CAN 线发送给组合仪表的显示界面，组合仪表通过报警灯和蜂鸣器进行报警来提醒驾驶轮胎发生异常故障。

3）胎压监测系统的分类

目前胎压检测系统分为两类：一类是直接式胎压监测系统，另一类是间接式胎压监测系统。直接式胎压监测系统是通过安装在轮毂中的传感器发出的无线数据来判断行驶车辆的轮胎是否发生故障和异常情况；间接式胎压监测系统是通过轮胎的转速差来判断行驶中的轮胎是否发生故障和异常情况。

（1）直接式胎压监测系统的优点：首先，整套胎压监测系统拥有更多的高级功能；其次，整套胎压监测系统可以实时监测整个行驶车辆的轮胎瞬间压力；最后，整套胎压监测系统可以准确确定哪个轮胎发生故障。直接式胎压监测系统的缺点：首先，整套胎压监测系统的无线传感器无线信号的传输可靠性急需提高；其次，整套胎压监测系统的传感器的耐压性和使用寿命也急需提升；最后，整套胎压监测系统的报警信息的准确性和可靠性也有待提高。

（2）间接式胎压监测系统的优点是整套系统价格相对低廉。间接式胎压监测系统的缺点：首先，车速超过 100 km/h 时，无法监测到胎压信息；其次，当行驶车辆同时有两个轮胎缺气时，整个系统会失灵；最后，无法确定哪个轮胎发生故障以及它具体的实时胎压情况。

4）胎压监测系统的主要作用

预防爆胎最有效的方式是实时保持轮胎标准的气压和温度。因为爆胎前，轮胎内部的温度和压力会发生很大的变化。有了胎压监测系统可以实时监测轮胎内部的压力和温度。当胎压监测系统发生报警时，可提醒驾驶者将车辆减速去维修轮胎，进而避免轮胎爆胎现象的发生，提高了驾驶者的驾驶安全性。

轮胎的压力和温度实时监控，可以让驾驶者随时随地保持对轮胎压力和温度的关注，爆胎现象发生概率就会逐步降低。此外，胎压监测技术可以有效降低轮胎磨损，进而延长轮胎的使用寿命。轮胎压力过低也会增加车辆的油耗。有数据显示：胎压每降低 20 kPa，油耗就增加 1% 左右。保持行驶车辆轮胎的标准压力可以降低油耗。

5）影响轮胎性能的主要因素

轮胎是汽车的主要部件，又是易损件，如果轮胎的耐磨性能和耐切割性能较差，则其使用寿命较短，使用条件相对苛刻。要想采取有效措施保证行车安全，就必须分析对轮胎性能有影响的因素。

（1）轮胎的结构

轮胎的基本结构包括胎体外胎、胎面、胎壁、缓冲层、束带刚性缓冲层，胎缘等。

① 胎体是轮胎的框架，必须具有足够的刚性，以阻止高压空气的外泄，又必须具有足够的弹性，以吸收载荷的变化和冲击。轮胎胎体由许多层与橡胶粘连在一起的轮胎帘线构成，根据其帘线的方向，轮胎分为子午线轮胎和斜交胎两种。

② 胎面是外部橡胶层，保护胎体免受路面造成的磨损和外部破坏。胎面直接与路面接触，并产生了摩擦阻力，使车辆驱动力和控制力得以传到路面。胎面花纹由压入胎面的模压沟槽构成，其目的是在于帮助轮胎有效地将驱动力和制动力传到路面。

③ 胎壁由数层橡胶构成，覆盖轮胎两侧，并保持胎体免受外部损坏。作为面积最大，弹性最强的轮胎，胎壁在行驶过程中，不断地在载荷作用下弯曲变形。

④ 缓冲层是夹在胎体与胎面之间的纤维层，可增强胎体与胎面的附着能力，同时也有助于减弱路面传到胎体的振动。缓冲层广泛用于斜交胎上。

⑤ 束带，又称刚性缓冲层。这是一种用于子午线胎中的缓冲层，夹在胎体和胎面橡胶之间，沿轮胎圆周放置，使胎体牢固定位。

⑥ 胎缘是为了防止各种施加在轮胎上的作用力扯开轮辋，轮胎上设有固定边缘，即各层侧边都缠绕有坚固钢丝，称为胎缘钢丝圈。轮胎内的高压空气迫使胎缘胀紧在轮辋的边沿，使其固定可靠。一种称为缘口保护层的硬橡胶保护住胎缘，使其免受轮辋擦伤所造成的损坏。

经过100多年的发展，当前汽车轮胎的发展趋势可以归纳为"三化"，即扁平化、无内胎化、子午线化。所谓轮胎的扁平化是指轮胎向宽断面方向发展，即轮胎断面的高宽比越来越小。这是因为随着车速的不断提高，为了降低汽车重心和轮轴的高度，轮胎直径不断缩小。但为了保证轮胎有足够的承载能力、行驶的稳定性、轮胎的附着性能及抗侧滑能力，轮胎和轮辋的宽度不断加大。因此，轮胎的断面形状由原来的近似圆形向着扁平化的椭圆形发展。这种结构的轮胎在行驶中胎侧变形小、行驶面加宽使轮胎的制动力和牵引力提高。

无内胎是轮胎的另一个发展方向。

无内胎轮胎利用轮胎内壁和轮辋的气密层，保证轮胎与轮辋间的气密性，外胎兼起内胎的作用。气密层能保证胎面被刺破后漏气缓慢，使汽车仍能行驶一定的距离。有的气密层下还设有自封层。对刺穿的小孔有自动密封的功能，不会因轮胎刺穿爆破而发生事故，这样更增加了汽车行驶的安全性、便利性。

子午线轮胎与斜交轮胎相比，结构特点是胎体帘线与轮胎径向成0°，相邻层的帘线不是相交而是相互平行，胎面与胎体之间有起箍紧作用的带束层。子午线轮胎相对斜交轮胎具有减振、耐磨、抓着性能好、行驶温度低及使用寿命长等优点。由于子午线轮胎显著的结构优势和突出的技术经济效果，从20世纪中期开始得到迅速发展，成为当今轮胎工业的发展方向。

（2）爆胎的原因

汽车爆胎是指因轮胎某一局部机械强度被严重削弱，胎压失去平衡而突然爆破的故障，爆胎一旦发生，轻则汽车将发生剧烈的侧滑、甩尾，重则汽车将连续翻滚，不仅危及爆胎汽车自身安全，而且也会与附近车辆和行人发生连续碰撞，造成重大交通事故。

汽车发生爆胎事故的原因是多方面的。归纳起来，主要有以下几个方面：

① 汽车高速行驶时，因轮胎胎体变形而发热，相应的轮胎内压升高同时轮胎在负荷作用下弯曲变形，帘线、钢丝和橡胶产生疲劳，胎体整体强度下降，因此，当轮胎碰到障碍物时，胎体受到过大的单位面积冲击力，轮胎就发生爆裂。

② 汽车高速行驶时，轮胎的流动阻力随行驶速度的增加而增大，达到一定的程度轮胎便发生驻波现象，轮胎不再是圆形，而是呈波浪形，胎体内部组织间的摩擦加剧，胎体温度升高，胎体内的帘线、钢丝和橡胶性能下降，部件间的附着力降低，导致各部件之间的分离、脱落，直到爆裂。

③ 轮胎气压不足时，胎面接触地面面积增大，胎面与地面摩擦阻力加大，同时胎体各部件的变形量变大，轮胎内部组织间的摩擦也进一步加剧，这些因素都进一步加剧胎体升温。另一方面，因胎肩变形量大，容易引起帘线、钢丝和橡胶等材料扯断、拆裂，导致胎体强度下降，温度上升或强度下降到一定程度就会发生爆胎。

④ 车辆超载时，轮胎负荷过大。每条轮胎都标有该轮胎的负荷指数，如果轮胎超负荷运行，胎内气压增大，则轮胎变形增大，使胎冠剥离，帘布破裂，胎体温度迅速升高，更容易爆胎。

⑤ 车辆超速行驶时，由于轮胎与路面的摩擦加剧，轮胎屈挠频率升高，使轮胎温度与内压上升，加速了帘布胶质老化和帘线疲劳，造成早期脱层和爆裂，出现行车事故。

由上可见，爆胎现象与轮胎压力和温度的异常有着密切的关系，只要能及时发现轮胎压力和温度的骤变，就能避免爆胎事故的发生。

（3）温度对轮胎性能的影响

汽车行驶中，轮胎连续不断地发生伸缩变形，橡胶与帘线、帘线与帘线、外胎与内胎及胎面与地面等均会发生摩擦，产生大量的热。此外轮胎的构成材料并不具有良好的弹性，这些材料在轮胎的行驶过程中也吸收能量，并将其转化为热量，具有较大的"滞后损失"，而轮胎本身不易散发热量，于是胎体温度逐渐上升，导致橡胶及帘线的强度下降。试验表明，当温度由 0 ℃升到 100 ℃时，橡胶的强度及帘线的附着力大约降低 50%，不同材料的帘线，其强度也有不同程度的下降。温度升高引起材料疲劳，强度降低，当应力超过帘线的强度时，帘线就会折断。轮胎变形使帘布层之间产生剪应力，当剪应力超过帘布与橡胶之间的附着力时，就会出现帘布松散或局部帘布脱层。当温度过高时，轮胎就会脱空分层发生爆破。

另外，轮胎温度升高还将造成轮胎气压随之升高，使帘线所受的应力加大。轮胎的正常工作温度应为 105 ℃左右。当大气温度为 25 ℃时，则允许轮胎温升为 80 ℃。在标准大气压下，气温每升高 5 ℃，轮胎气压增加 5～10 kPa。此外，轮胎比正常工作温度每升高 1 ℃，磨损强度增加 2%。一般在同一路面、同一车速下行驶，气温升高 5 ℃，轮胎使用寿命缩短 45%。

轮胎的生热和温升不仅影响其使用性能，而且对汽车油耗也有很大影响。据报道，轮胎的能量损失占轿车总能量损失的 5%，占载重汽车总能量损失的 10%。

由上可见，轮胎的温升对其安全性能和使用寿命的影响很大。因此，对轮胎的温度进行实时监测，当温度升高到一定数值时对司机提出报警，提示司机进行相应处理，可以有效地降低爆胎事故的发生并提高轮胎的寿命。需要注意的是，当行驶中发现轮胎温度过高时，不应通过放气或泼冷水的方式进行处理，而应降低车速，将车停在阴凉通风处降温。原因是当轮胎的温度升高到吸热量与散热量平衡时，其温度和压力就不再升高。若采用放气的办法来降温降压，结果会适得其反，轮胎的温度不仅不会降低，反而会由于气压降低，变形增大而继续升高，致使气压也随之升高，直到轮胎的散热量与吸热量达到新的平衡为止。如果这时再次放气，则轮胎的温度会上升得更高，从而给轮胎带来严重损害，大大降低轮胎的使用寿命。若用泼冷水的办法降温，则会因降温过快导致轮胎胎面和胎侧胶层收缩不均，产生裂纹、缩短轮胎的使用寿命。

（4）压力对轮胎性能的影响

在影响轮胎性能的诸多因素中，充气压力是极其重要的一个。轮胎气压对轮胎的承载性能、高速性能、制动性能、防浮滑性能、耐久性能、抗刺穿和耐爆破性能都有着重要影响，可以说气压是轮胎的生命。

① 气压过低对轮胎性能的影响

气压过低，轮胎接地面积增大，胎侧屈挠点改变，外层伸张，内层压缩，产生压缩应力，随着胎温升高，易使胶料的物理性能受到破坏，从而导致以下影响。

a. 轮胎在负荷下变形加大，胎肩与地面接触部分的磨耗增大，胎面磨耗不均，轮胎生热快，造成脱层。

b. 轮胎碰到障碍物时，由于冲击力大，胎体帘线易断裂，致使轮胎爆破。

c. 轮胎生热高，加速内胎损坏。

d. 并装双胎气压过低，相邻的两胎胎侧由于互相挤压、摩擦而损坏。如一胎气压过低，则加大另一胎的负荷而促使轮胎早期损坏。

e. 外胎在轮辋上有时发生转动，易引起气门嘴脱落，而且驱动轮上的轮胎易损坏。

f. 轮胎滚动阻力增大，燃料消耗增加，转向性能差。

g. 在有损坏的路面上高速行驶，造成胎冠损伤有小洞眼、花纹掉块。

h. 在气压过低的情况下继续行驶，易造成胎侧内壁帘布损坏、胎肩和胎体脱离、胎里和胎体碾伤。

i. 轮胎内压长期低于标准气压，易造成胎体变形，屈挠变形次数增加或移位导致过度疲劳生热，两胎侧帘线脱层松散。

② 气压过高对轮胎性能的影响

气压过高，轮胎帘线过度伸张，胎体弹性降低，刚性增大，单位压力增大，胎冠部接地面积减小，同时磨耗增加，胎面花纹易裂口，行驶中一旦受到障碍物冲击，便会产生内裂或爆破。汽车在同样使用条件下行驶，轮胎缓冲性能差，冲击震动大，操纵性能差，特别是在有损坏的路面上行驶时，轮胎易产生机械损伤，影响行车安全。

③ 气压与行驶里程的关系

气压过低或过高都会缩短轮胎行驶里程。气压过低，轮胎变形为外张内缩，导致生热增加，加速橡胶老化、疲劳，出现脱层现象。气压过高，轮胎接地面积小，磨耗量增大。轮胎充气压力对轮胎行驶里程的影响如图8-17所示。

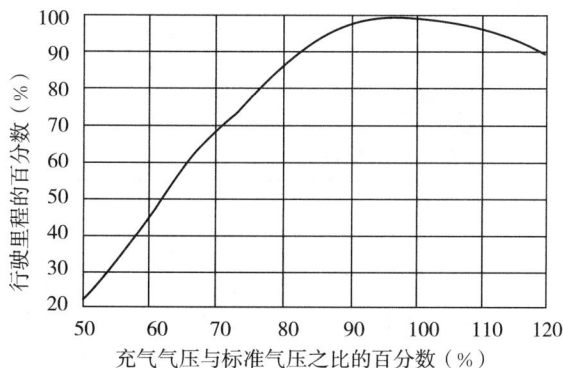

图8-17 轮胎充气压力对轮胎行驶里程的影响

6）轮胎压力监测系统的分类

（1）按测量方式分类

按照轮胎参量的测量方式，系统可分为间接式、直接式与复合式三种。

① 间接式 TPMS

间接式 TPMS，是与车辆的制动防抱死系统 ABS 一起使用的。系统采用车轮转速传感器测量每个车轮的转速。当一个轮胎的气压减小时，滚动半径就减小，而车轮的旋转速度就相应地加快，通过比较车轮之间的转速差别，可以达到监测轮胎胎压的目的。

目前，间接式 TPMS 尚存在以下明显局限性：

a. 只有在1条轮胎气压低于其它轮胎气压30％以上时，才能监测到低压现象，如果4条轮胎全部明显处于低压状态，间接型 TPMS 将不能报警。

b. 若同轴或同侧的两条轮胎处于明显的低压状态，间接式 TPMS 也无法监测。

c. 系统没有识别功能，只能提示轮胎气压不足，不能判定是哪一条轮胎气压不足，必须再由人工进行检查。

d. 车辆必须达到一定的行驶速度，系统才能有效工作。

e. 系统反应速度慢，系统需要进行繁琐的数据处理和自我检测，以防系统出现误诊断，因此向司机发出信号迟缓。

② 直接式 TPMS

直接式 TPMS，它利用安装在轮胎内部的传感器模块，直接测量轮胎内部的气压、温度以及模块供电电压等参数，通过无线的方式将测量数据发送到基站接收模块，以达到监测的目的，出现状况时，系统会自动报警。

间接式与直接式有各自的特点，见表8-1所列。显然，直接式从功能和精度上均优于间接式。

表 8-1　间接式与直接式 TPMS 比较

	PSB TPMS（直接式）	WSB TPMS（间接式）
测量参数	压力，温度，电压等	车轮转速
作用原理	不论汽车停止/行驶，每个轮胎的参量都可直接监测	汽车行驶时，通过比较车轮转速计算压力
测量精度	高±0.1bar	低，当压力减少30％时才报警
实现成本	高，每个轮胎均需安装一个模块	低，以 ABS 系统为基础
可靠性	高，需要精心规划系统设计	低，没有额外的硬件设备

③ 复合式 TPMS

为满足多轮胎压力监测要求，采用复合式 TPMS，在常规的间接 TPMS 系统中安装两个额外的胎压传感器和一个射频接收器。胎压传感器要安装在车轮上，两个传感器呈对角安装。与间接式系统相比，能够监测到在同一个车轴或车辆同一侧的两个处于低压状态的轮胎，这些轮胎中有一个带有直接压力传感器。但当两个呈对角的轮胎（不带直接压力传感器）都处于低压状态时，系统只能检测到一个轮胎充气不足。

与直接式系统相比，复合式 TPMS 可以降低系统成本，但却仍然不能提供所有轮胎内实际压力的实时数据，因此不能全部定位欠压轮胎。就系统可靠性和灵活性而言，仍是不够理想。

很明显，直接式系统更有效，将成为未来系统的主流，因此，以直接式结构为基础，进一步加入了一些新的功能与结构，设计了使用更加灵活，系统更加安全、可靠的汽车轮胎压力监测系统。

（2）系统组成

本系统主要由轮胎模块、基站模块和钥匙模块组成。以四个轮胎的轿车为例，系统由各基站模块、各钥匙模块和各轮胎模块组成，其中基站模块还包括其通过汽车总线控制的各发射模块。各轮胎模块分别安装在汽车的四个轮胎中，对轮胎的温度、压力参数进行实时测量，并将测量的数据通过射频通信接口发送到基站模块进行处理。基站模块一方面通过低频通信接口对各轮胎模块进行轮询，另一方面接收来自轮胎模块的数据，并进一步判断轮胎参数是否正常，如果发现异常，则及时进行报警。同时，基站模块也通过低频及射频通信接口与钥匙模块进行通信，实现智能无匙门控功能。基站通过汽车总线与汽车内部的其它电子系统相连，实时地共享数据和控制信息。

① 轮胎模块

轮胎模块由传感器、微控制器、发射电路和接收电路组成。传感器集成了半导体压力传感器、半导体温度传感器、加速度传感器和电源电压传感器，不仅能实时监测汽车运行中的轮胎压力和胎内温度的变化，还能在必要时监测轮胎的加速度和模块的电源电压，以实现加速度唤醒、电压不足报警等功能。微控制器采用性价比高的位单片机，利用集成在其上的模拟前端可实现信号的接收。发射电路采用集成发射芯片实现。为了便于基站模块的识别，每个轮胎模块都有一个位置识别。

②　基站模块

基站模块由微控制器、接收电路、发射模块、声光报警接口、人机接口和汽车总线接口组成。基站模块通过接收来自轮胎模块的数据，并通过微控制器对收到的数据进行分析，以判断相应的轮胎温度、压力值是否处于正常状态并将其显示出来。如果发现轮胎的参数值异常，则立刻报警。同时，当轮胎模块出现故障，基站模块长时间无法收到来自轮胎模块的数据时，也会进行报警，提示用户对轮胎模块进行检查。人机接口使用户能对系统的基本参数进行设置。

③　钥匙模块

钥匙模块由接收电路、微控制器、发射电路、按键及指示构成。通过与基站模块间的双向通信实现免提无匙门控功能。在传输数据前进行滚码加密，保证了系统的高安全性。

④　LF 唤醒模式的引入及其作用

为提高系统的灵活性和可靠性，在设计中引入了基站模块对轮胎模块和钥匙模块的 LF 唤醒模式，从而实现了系统的双向通信。该模式使基站模块在汽车点火时向轮胎模块发送初始化信息，在汽车行驶过程中对轮胎模块进行轮询，在用户进行门控操作时自动对钥匙模块进行唤醒。LF 通信对数据传输率要求不高，但要尽可能降低实现的成本以及功耗。本系统设计中，是在每个轮胎和车门把手附近安装一个 LF 发射线圈，由于 LF 磁通信的"近场效应"，每个发射线圈发射出的信号只能被相应轮胎的轮胎模块接收到，这样就起到了针对轮胎位置而不是针对轮胎 ID 唤醒的效果，有效地解决了轮胎定位问题。同时在汽车行驶过程中，由基站模块通过信号按序轮询各轮胎模块，解决了以往 TPMS 系统中因为单向通信造成的各轮胎模块间通信碰撞，以及数据发射过频的问题。

7）系统工作过程

（1）汽车停止时

汽车停止时，系统实现智能无匙门控功能，基站模块监听汽车总线接口和通信接口，若发现门控触发信号用户拉动车门把手，则启动发射模块向钥匙模块发送唤醒信号，若接收到钥匙模块的响应信息，则在验证后通过汽车总线将门控指令送交相关执行机构。

（2）汽车行驶时

①　汽车点火

当汽车点火后，系统进入胎压监测模式。基站模块通过通信接口按序向各轮胎模块发送初始化信号，使轮胎模块进行自检，验证传感器工作状态和电池电压并进行轮胎参数的测量，然后通过发射电路将轮胎的初始参数和模块自身的信息发送给基站模块，基站模块对信息进行分析并保存，如果发现异常，则报告初始化故障。

②　系统正常工作时

在汽车的正常行驶过程中，为减少系统功耗，提高电池的使用寿命，轮胎模块大多数时间工作在休眠模式下，此时模块各部分功能关闭，功耗极低。模块每秒对轮胎的温度、压力值进行一次测量，然后将本次测量值与之前的测量值进行比较，如果模块功能正常并且轮胎参数变化平稳，则轮胎模块将参数值存储后返回到休眠模式下。基站模块通过通信接口每分钟向轮胎发出唤醒信号，查询轮胎的状态。轮胎模块收到唤醒信号后将处理后的测量数据发送到基站模块，基站模块对数据进行判断并显示，若数据异常，则进行报警。

③ 轮胎参量发生突变时

在上面的工作过程中，如果轮胎模块监测到轮胎参数发生突变，则立即发送数据到基站模块。基站模块收到来自轮胎模块的信息后，对数据加以分析，判断出故障来源，并进行报警。在轮胎模块主动将数据发送到基站模块的过程中，有可能存在通信碰撞问题，即与其他处在轮询状态中的轮胎模块同时发射信号，互相之间造成干扰，解决这个问题的办法，是在系统初始化时，给每个轮胎模块指定不同的发送延时，以使模块间发生通信碰撞的数据帧之后的下一个数据帧发射不会出现在同一时刻。

8.3.12　汽车主动防撞系统

随着我国汽车保有量的增加，对汽车的安全性有了更高的要求。汽车安全性设计可分为主动安全和被动安全，主动安全设计为可避免汽车发生安全事故，被动安全设计为在汽车发生安全事故时能够确保驾乘人员的安全性。现阶段我国汽车安全设计主要以被动安全设计为主，随着安全需求的提升，主动安全设计已成为汽车设计发展的趋势。对主动防撞系统研究开发进行分析，目的在于尽可能地避免事故的发生。

（1）目的与意义

据统计，国内外因为汽车交通事故而引发的人员伤亡和财产损失十分巨大，在全世界几乎平均每分钟就有一人死于交通事故，汽车交通事故已成为一大社会公害。频发的事故引起人们对汽车行驶安全更加的重视。

而传统的汽车安全设计系统，主要是针对汽车在发生安全事故以后如何采取有效措施来保证驾乘人员的安全性，却忽略了对汽车自身的保护，这种设计理念已经无法满足现代交通的安全需求，所以需要在理念和技术两个方面对汽车防撞系统进行设计和研究。汽车主动防撞系统研究的核心为通过研发的装置能够对汽车前方以及周围的车辆运行情况进行测量，然后通过大量的数据分析能够进行自动安全控制。此种设计理念为在汽车可能具有碰撞的风险时，提前采取相应措施避免事故的发生，大大降低事故的发生，减少人员伤亡和财产损失，这是汽车安全设计应该面对的问题。

（2）汽车主动防撞系统概述

汽车主动防撞系统是智能汽车的一部分。汽车主动防撞系统，是主动防止汽车发生碰撞事故的一种智能系统。该系统通过防撞装置能够对汽车的运行环境进行监测，对于可能会与汽车发生碰撞的车辆、行人以及其他障碍物都能够有效监测，然后系统会发出警报，并且系统的控制部分会采取相应的措施以规避危险源，防止事故的发生。

据相关资料显示，有 $70\% \sim 90\%$ 的事故原因是由于驾驶员本身操作原因造成的，如果能在事故发生之前提醒驾驶员或是能够自我改变行车情况来避免事故的发生，对减少汽车事故的发生有着很大的帮助。汽车主动防撞系统正是实现这一功能的技术手段

（3）汽车主动防撞系统当前技术

具体来讲，汽车主动防撞系统包含照明灯、信号灯、汽车前后的视野、转向系统和制动系统等。公安部交通管理局的统计资料表明每年都会有一部分交通事故是因为灯光失效、转向失灵和制动不良引起的，尽管由于汽车系统不良造成的交通事故占比不是主要的，但是引起的伤亡事故人数也是惊人的。汽车生产制造商决不能轻视，必须从设计制造和检验各个环节给予高度重视，力求做到万无一失。

目前市场上开发的汽车主动防撞系统有 3 种类型：

① 车辆主动防撞报警 CWS（Collision Warning System）系统，是专门针对减轻减少汽车碰撞危害发生而研发的，该系统会对探测到的危险情况给出警报，其主要的目的是在危险情况下能及时提醒驾驶员，使驾驶员有多一点反应时间来避免即将发生的交通安全事故，这一系统在美国的部分公交车以及重型货车中已经有所应用。

② 车辆自适应巡航控制 ACC（Adaptive Cruise control）系统，其主要目的是主动防撞，该系统对于简单的道路交通能够实现巡航控制，并且具有主动防撞技术，现阶段在高档轿车设计中有所应用，该技术还可以减轻驾驶员的驾驶疲劳，让驾驶员保持较好的精力和注意力，不会让驾驶员疲劳驾驶从而减少事故的发生。

③ 复合型车辆智能控制系统，该系统比较适用于交通环境比较复杂的市区交通中，在 ACC 自巡航系统基础上，辅以车辆停走系统，可大大提高车辆智能控制的效率。相对于 ACC 自巡航系统，停走系统由于所处交通环境的复杂和系统对硬件要求程度高，系统实现难度很大，各个汽车工业发达的生产商注意到这项技术而且早已积极地开展研发。复合型车辆智能控制系统是较符合大众理想型的主动防撞系统，也是我们努力想要得到的主动防撞系统，相信在不久的将来此项技术会很完善地用于车辆上。

（4）主动防撞系统结构与组成

现有的汽车主动防撞系统基本都是由三部分组成，分别如下：

① 信号采集系统：该系统主要是各项数据信息的采集，包括本身及前车的行驶速度、两车间的距离、车辆行驶状态以及驾驶员状态。可利用雷达、声呐、激光以及超声波等技术进行测量。

② 数据处理系统：在获取两车的距离以及瞬时相对速度后，数据处理系统会对所采集的信息进行分析，如果两车的安全距离较小，数据处理系统就会发出指令。同时该系统还会对行车状态和驾乘状态做出分析，然后决定是否发出指令。

③ 执行机构：执行机构主要是按照数据处理系统的指令执行操作，以警报的方式提醒驾驶员做出调整。如果驾驶员没有根据警报提醒进行相应的操作，执行机构就会主动采取安全控制措施。执行机构可以自动启动防抱死刹车装置，自动判断是否转向，自动关闭汽车各窗户，自动调整座椅等一系列尽量防止人员受到伤害的动作指令。当乘客遭受碰撞撞击时，会最大限度受到车内被动安全保护。系统简图如图 8-18 所示。

（5）系统总体设计

汽车主动防撞系统主要实现以下四项功能：第一，在路况正常时，能够帮助驾驶员自动控制车辆，可缓解驾驶员的疲劳感；第二，在驾驶员驾驶状态不佳的情况下，能够保证的车辆行驶的安全性；第三，在天气比较恶劣时，能够帮助驾驶员提高对路

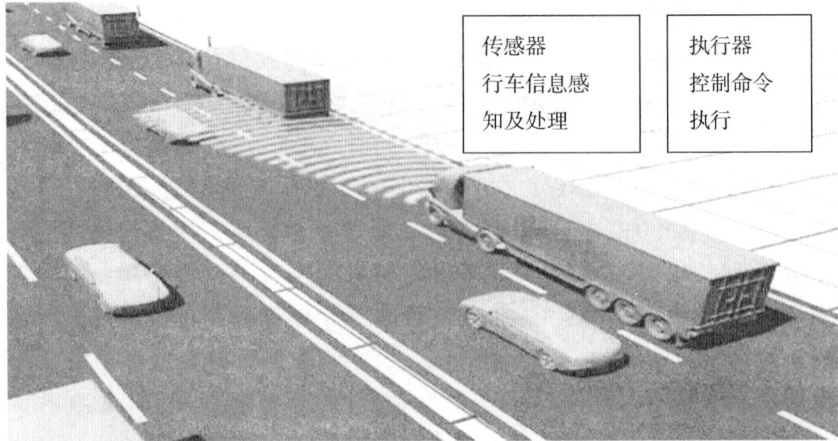

图 8-18 系统简图

况的感知能力,确保车辆安全行驶;第四,在紧急情况下能够避免或者减少安全事故的发生,最大程度保证车辆和驾乘人员安全。前两项功能的实现能够有效提升汽车行驶的安全性,为降低交通事故的发生创造有利条件。主动防撞系统设计主要是通过检测系统测量本身与前车的行驶速度以及相对距离,从而将车速以及两车距离控制在安全范围内。系统总体设计框图如图 8-19 所示。

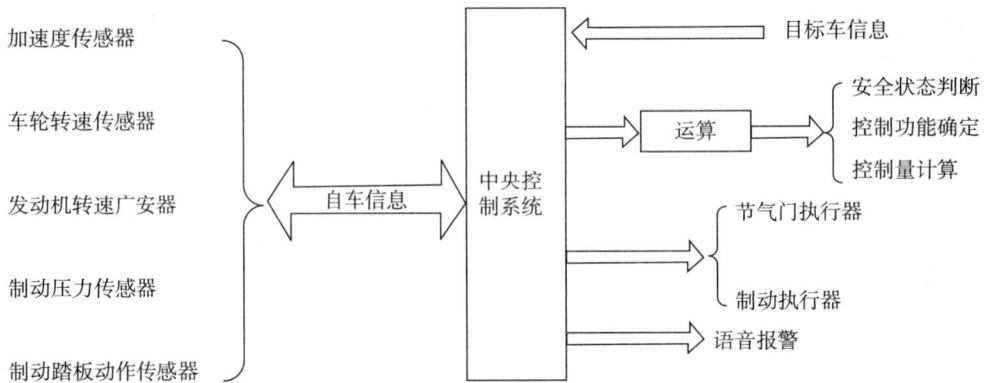

图 8-19 系统总体框图

主动防撞系统的设计是基于车辆行驶信息的获取,通过在车上安装的传感器、红外激光雷达系统来采集有效信息。通过安装在车上的传感器能够获取车辆加速度、车轮车速、发动机转速、制动压力、节气门开度、转向转矩、制动踏板动作等各项信息,而安装在车辆前的红外激光雷达能够探知本车与前方障碍物之间的距离以及相对运动速度等信息。主动防撞系统将获取到的信息传递到中央控制系统,控制系统经过对各项数据的综合分析,能够判断出本车与前车或者前方障碍物之间的距离以及相对运行状态,然后按照车辆自身运行状态的判断结果,控制系统控制节气门执行器、转向执行器和制动执行器,将本车的行驶速度控制在安全范围内,确保本车与前车或者前方障碍物之间维持安全距离,防止发生碰撞,避免交通事故的发生。

根据相关原理，主动防撞系统自身设计的工作过程可分为三部分：

① 汽车在正常行驶状态下，自身的主动防撞系统会利用雷达、激光、声纳、红外线、超声波等技术，对本车前方以及周围的所有目标进行监测，然后将获取的数据信息传递给中央处理系统。系统会对这些数据进行安全程度预判计算，如果计算结果显示汽车处于安全状态，则主动防撞系统不会做出任何动作，不干扰驾乘人员的正常驾驶，同时驾乘人员可以随时根据自己需要选取适合当前的模式进行对车辆自行控制。

② 如果当处理系统经过计算后判断当前车辆处于危险状态时主动防撞系统会做出动作，首先是自动切断油门，若此时驾乘人员还未做出相应的措施，则防撞系统将自动控制汽车做出最有利于汽车本身的安全措施——制动或是转向，并调用其他相关的控制车辆系统（如 ABS，ESP 车身稳定控制程序等），使车辆脱离危险，避免发生碰撞的同时保证自身的安全。当车辆行驶状态恢复正常时，或者驾驶人员已经采取安全控制措施，则防撞系统的指令会根据实际情况自动解除，回到正常状态。

③ 当车速过高或是情况突发时间短造成危险无法避免时，主动防撞系统除了采取尽量远离和减少危险的控制外，还会根据当时的情况来判断障碍物类型以及危险程度的大小，然后采取最佳的被动安全措施，选择保护乘客或者保护行人，将危险控制在最小范围内。目前国内外已有的主动防撞系统的研究大多数是集中在碰撞系统的纵向控制。

8.4　轻量化的发展趋势

8.4.1　实施轻量化的意义

在全球能源和环境压力不断增加的大背景下，追求汽车轻量化已经成为汽车行业的发展趋势，也是推动我国商用车持续、健康发展的必由之路。目前，世界各国的汽车企业都围绕节能、节材、环保、降低成本以及提高动力性、经济性、可靠性、安全性及舒适性等基本功能，开展新技术、新材料、新工艺、新产品的研发工作，其核心就是实现汽车轻量化。为应对运输成本的不断上升、国家节能减排的迫切要求、国外新材料新技术罐式专用车的绝对优势冲击，同时随着市场竞争日益激烈，轻量化已经成为各个罐车生产厂家衡量产品性能的一个重要标准，生产符合法规要求的罐车现已成为该行业的发展趋势。从新结构、新材料、新工艺等入手实施轻量化技术路线：在保证车身强度、刚度前提下，采用钢铝混合结构、无纵梁罐车结构等，实现"减重"不"减质"；选用高强钢、铝合金、复合板、碳纤维等材料，逐步加大轻化材料应用比例，从而降低制造成本，提供了罐车的运效率。

汽车轻量化后，加速性提高，车辆控制稳定性、噪音、振动方面也均有改善。

从安全性考虑，碰撞时惯性小，制动距离减小。节能、环保、安全、舒适是汽车发展的新技术趋势，尤其是节能和环保更是人类可持续发展的重大问题。汽车轻量化对于节约能源、减少废气排放十分重要，是汽车工业发展的方向之一，也是提高汽车的燃油经济性、减少排放的重要技术途径。汽车轻量化技术的具体内容实际上是功能完善、自重轻、性价比高的结合。作为实现节能减排的重要措施之一，汽车新材料、先进的设计和工艺制造技术，能促进汽车工业可持续发展。轻量化材料一方面节约汽车制造成本，另一方面还可以低碳环保循环利用。新材料和新技术之间相辅相成，先进的工艺技术为轻量化材料更新提供基础，新材料的广泛应用推动工艺技术的发展。在未来汽车制造中，轻量化材料取代钢材已经成为一种趋势。

8.4.2　实施轻量化的方式

（1）合理选用材料，目前罐式车可采用的新材料有铝合金、高强度钢板以及镁合金等。车架及轮辋也可使用铝合金制造。铝合金材料是在铝中添加铜、镁、锰、铬等合金元素制成。铝合金罐式汽车的整备质量较小，铝的密度为 $2.7\ g/cm^3$，同样体积的铝合金质量几乎只有钢的 1/3。铝合金在罐式汽车上的使用极大地减轻了自重。例如，一个 $45\ m^3$ 的罐式汽车，如果用铝合金制造，相比钢材制造可以减轻 5t 的重量；耐腐蚀性强，用铝合金制造的罐体，内部无需涂敷任何防腐层就可以运输各种化工液体，从而能保证运输物质更清洁。

（2）对罐式汽车强度的要求不变的情况下，如果采用高强度钢，则可比普通钢板在厚度上减小，从而降低罐式汽车的质量。镁合金具有良好的减重效果、可在铝合金轻量化的基础上再减轻 15%～20%、并可以实现 100% 的回收利用等。近几年在汽车上的应用，以年均 25% 的速度快速增长。

（3）随着计算机技术的发展，CAD/CAE 技术被充分利用到罐式汽车的设计过程中。CAD 技术可以更直观、准确地表达出设计的方案，并可以分析机构结构的运动协调。在产品制造前有必要进行虚拟产品的结构强度和刚度等问题分析。

产品由三维软件进行建模之后，导入有限元分析软件，模拟车辆在各种实际工况下的应力和应变状态，从而可以根据分析结果验证和改进有关结构，避免了样车生产出来后出现结构方面的问题。CAD/CAE 技术的应用可以降低开发新产品的成本，同时也大大缩短了产品设计和开发时间。在罐式汽车的轻量化上，CAE 技术另外一个重要的应用在于优化设计。将 CAE 技术的有限元法和优化技术有机结合起来，在对结构进行工程分析得到可行性设计方案的基础上，对其进行进一步的优化设计，从结构的形状优化到设计参数的优化选择，通过这一过程，可以提高产品设计技术指标，并满足结构轻量化的目标。

（4）可以对罐式汽车的罐体、支撑架、车架等零部件进行拓扑优化、尺寸优化等优化技术，从而在确保装载质量和可靠性的前提下降低罐式车的整备质量。尺寸优化是一种参数优化技术，用来获得理想的设计参数组合，如材料参数、横截面尺寸和厚度。例如，在满足刚度、强度的前提下，减小罐式汽车的罐体、隔板、车架，以及支撑架等零部件的厚度。拓扑优化则是在一定的空间结构区域内根据约束、载荷及优化目标寻求材料最佳分布的一种设计方法，从而减轻结构重量或提高结构性能。拓扑优化相对于尺寸优化，具有更多的设计自由度，能够获得更大的设计空间，是结构优化最具发展前景的一个方面。例如，可以通过拓扑优化对罐式汽车的支撑架和车架设计减重孔，从而减小这些零部件的质量。

（5）改变结构形式也是罐式汽车轻量化途径之一。空气悬架系统在质量上比钢板弹簧悬架有大幅减小，在结构方面更紧凑，而且还可以提高轮胎的附着能力，提高在低附着系数路面上的起步能力，缩短制动距离；转向时，过多转向和不足转向倾向减小，转向稳定性强，提高了整车的操纵稳定性；在较差的路面环境下，空气悬架可以有效地隔断路面传递的振动，降低振动对罐式汽车的上装设备的损害。同时，近几年铝合金的轮毂在轿车上已普遍采用，而在国内专用车上很少使用。铝合金轮毂的质量比普通的钢轮毂小，在高速转动时变形小、惯性阻力也小，这有利于提高汽车的直线行驶性能、减轻轮胎滚动阻力，从而减少油耗。另外，还可以考虑各轴的每侧使用单胎。

8.4.3　不能过度追求"伪轻量化"，而丧失整车安全性的必要性

在保证整车结构运行刚度和强度的情况下，对液罐车整体或局部结构应用有限元分析技术进行轻量化设计和改进，可有效降低自重，如图8-20所示。但不能过度追求轻量化，为了增加载质量，而过分地降低自重，是一种"伪轻量化"。在罐车的筒体、

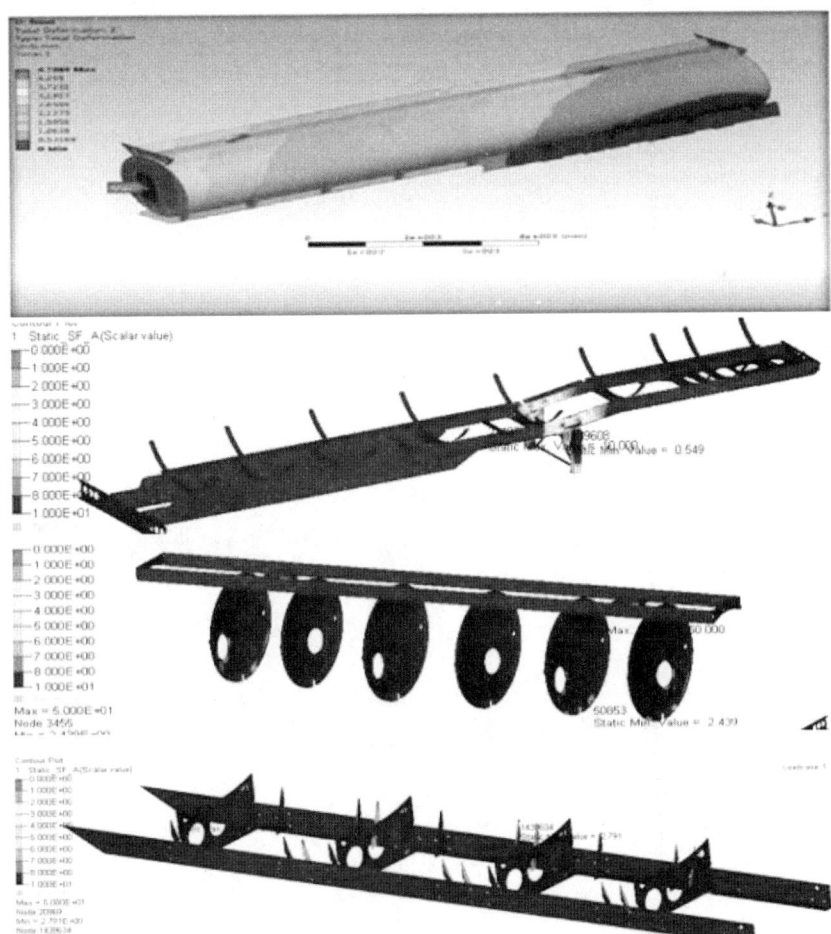

图 8 - 20　半挂车应力分析图

行走机构、阻浪板、鞍座等核心受力机构，尤为重要，不能为了降重而降低结构强度，从而保证"减重"不"减质"。罐车设计单位尤要重视，不能一味地为了满足于用户的不正确产品需求，而增加产品的质量风险，降低产品安全性，从而产生更大交通安全隐患。

附录　引用标准目录

1. 中华人民共和国国家标准

GB	1589—2016	汽车、挂车及汽车列车外廓尺寸、轴荷及质量限值
GB	16735—2019	道路车辆　车辆识别代号（VIN）
GB	16737—2019	道路车辆　世界制造厂识别代号（WMI）
GB	18564.1—2019	道路运输液体危险货物罐式车辆　第一部分：金属常压罐体技术要求
GB	20300—2018	道路运输爆炸品和剧毒化学品车辆安全技术条件
GB	21668—2008	危险货物运输车辆结构要求
GB	28373—2012	N 类和 O 类罐式车辆侧倾稳定性
GB	36220—2018	运油车和加油车辆安全技术条件
GB	7258—2017	机动车运行安全技术条件
GB	17691—2018	重型柴油车污染物排放限值及测量方法（中国第六阶段）
GB	3847—2018	柴油车污染物排放限值及测量方法（自由加速法及加载减速法）
GB	11340—2005	装用点燃式发动机重型汽车曲轴箱污染物排放限值及测量方法
GB	14763—2005	装用点燃式发动机重型汽车燃油蒸发污染物排放限值及测量方法（收集法）
GB	20890—2007	重型汽车排气污染物排放控制系统耐久性要求及试验方法
GB	1495—2002	汽车加速行驶车外噪声限值及测量方法

GB	38900—2020	机动车安全技术检验项目和方法
GB	24545—2019	车辆车速限制系统技术要求及试验方法
GB	34659—2017	汽车和挂车防飞溅系统性能要求和测量方法
GB	9744—2015	载重汽车轮胎
GB	36581—2018	汽车车轮安全性能要求及试验方法
GB	11567—2017	汽车及挂车侧面和后下部防护要求
GB	15084—2022	机动车辆间接视野装置性能和安装要求
GB	11554—2008	机动车和挂车用后雾灯配光性能
GB	11564—2008	机动车回复反射器
GB	15235—2007	汽车及挂车倒车灯配光性能
GB	17509—2008	汽车及挂车转向信号灯配光性能
GB	18099—2013	机动车及挂车侧标志灯配光性能
GB	18408—2015	汽车及挂车后牌照板照明装置配光性能
GB	23254—2009	货车及挂车　车身反光标识
GB	4785—2019	汽车及挂车外部照明和光信号装置的安装规定
GB	5920—2019	汽车及挂车前位灯、后位灯、示廓灯和制动灯配光性能
GB	13392—2005	道路运输危险货物车辆标志
GB	15741—1995	汽车和挂车号牌板（架）及其位置
GB	25990—2010	车辆尾部标志板
GB	12676—2014	商用车辆和挂车制动系统技术要求及试验方法
GB	16897—2010	制动软管的结构、性能要求及试验方法
GB	40164—2021	汽车和挂车制动器用零部件技术要求及试验方法
GB	17675—2021	汽车转向系基本要求
GB	6944—2012	危险货物分类和品名编号
GB	12268—2012	危险货物品名表
GB	22309—2008	道路车辆　制动衬片盘式制动块总成和鼓式制动蹄总成剪切强度试验方法
GB	20717—2006	道路车辆　牵引车和挂车之间的电连接器 24 V15 芯型

GB	20716.1—2006	道路车辆　牵引车和挂车之间的电连接器　第1部分：24 V标称电压车辆的制动系统和行走系的连接
GB	4606—2006	道路车辆　半挂车牵引座50号牵引销的基本尺寸和安装、互换性尺寸
GB	190—2009	危险货物包装标志

2. 中华人民共和国国家标准（推荐）

GB/T	12673—2019	汽车主要尺寸测量方法
GB/T	12674—1990	汽车质量（重量）参数测定方法
GB/T	12538—2003	两轴道路车辆　重心位置的测定
GB/T	40494—2021	机动车产品使用说明书
GB/T	21085—2020	机动车出厂合格证
GB/T	6323—2014	汽车操纵稳定性试验方法
GB/T	1332—1991	载货汽车定型试验规程
GB/T	12539—2018	汽车爬陡坡试验方法
GB/T	12540—2009	汽车最小转弯直径、最小转弯通道圆直径和外摆值测量方法
GB/T	14172—2021	汽车、挂车及汽车列车静侧倾稳定性台架试验方法
GB/T	25979—2010	道路车辆　重型商用汽车列车和铰接客车　横向稳定性试验方法
GB/T	32692—2016	商用车辆缓速制动系统性能试验方法
GB/T	12534—1990	汽车道路试验方法通则
GB/T	17347—1998	商用道路车辆　尺寸代码
GB/T	19515—2015	道路车辆　可再利用率和可回收利用率　计算方法
GB/T	26778—2011	汽车列车性能要求及试验方法
GB/T	26987—2011	道路车辆　路面摩擦特性测定
GB/T	38679—2020	车辆行驶跑偏试验方法
GB/T	38694—2020	车辆右转弯提示音要求及试验方法
GB/T	38796—2020	汽车爆胎应急安全装置性能要求和试验方法
GB/T	12545.2—2001	商用车辆燃料消耗量试验方法

GB/T	13594—2003	机动车和挂车防抱制动性能和试验方法
GB/T	23336—2022	半挂车通用技术条件
GB/T	6420—2017	货运挂车系列型谱
GB/T	13873—2015	道路车辆 货运挂车试验方法
GB/T	26774—2016	车辆运输车通用技术条件
GB/T	3730.2—1996	道路车辆 质量 词汇和代码
GB/T	3730.3—1992	汽车和挂车的术语及其定义 车辆尺寸
GB/T	38146.2—2019	中国汽车行驶工况 第2部分：重型商用车辆
GB/T	38187—2019	汽车电气电子可靠性术语
GB/T	4780—2020	汽车车身术语
GB/T	5181—2001	汽车排放术语和定义
GB/T	15089—2001	机动车辆及挂车分类
GB/T	17350—2009	专用汽车和专用挂车术语、代号和编制方法
GB/T	3730.1—2001	汽车和挂车类型的术语和定义
GB/T	28772—2012	内燃机油分类
GB/T	4782—2001	道路车辆操纵件、指示器及信号装置 词汇
GB/T	8170—2008	数值修约规则与极限数值的表示和判定
GB/T	4208—2017	外壳防护等级（IP代码）
GB/T	18410—2001	车辆识别代号条码标签
GB/T	18411—2018	机动车产品标牌
GB/T	25978—2018	道路车辆 标牌和标签
GB/T	37706—2019	车用起重尾板安装与使用技术要求
GB/T	31961—2015	载货汽车和客车轮辋规格系列
GB/T	3487—2015	乘用车轮辋规格系列
GB/T	4501—2023	载重汽车轮胎性能室内试验方法
GB/T	521—2023	轮胎外缘尺寸测量方法
GB/T	2977—2016	载重汽车轮胎规格、尺寸、气压与负荷
GB/T	17619—1998	机动车电子电器组件的电磁辐射抗扰性限值和测量方法

GB/T	19951—2019	道路车辆 电气/电子部件对静电放电抗扰性的试验方法
GB/T	34591—2017	商用车空气悬架术语
GB/T	35180—2017	商用车空气悬架推力杆橡胶铰接头技术规范
GB/T	37336—2019	汽车制动鼓
GB/T	38185—2019	商用车辆电子稳定性控制系统性能要求及试验方法
GB/T	38186—2019	商用车辆自动紧急制动系统（AEBS）性能要求及试验方法
GB/T	5335—2008	汽车液压制动装置压力测试连接器技术要求
GB/T	5921—2015	汽车和挂车 气压制动系 部件上接口的识别标记
GB/T	31879—2015	道路车辆 牵引座通用技术条件
GB/T	32861—2016	道路车辆 牵引车与挂车之间的电气和气动连接位置
GB/T	35782—2017	道路甩挂运输车辆技术条件
GB/T	39015.2—2020	道路车辆 牵引车与半挂车之间机械连接互换性 第2部分：低牵引座半挂牵引车与大容积半挂车
GB/T	13881—2019	道路车辆 牵引车与挂车之间气制动管连接器
GB/T	4352—2022	载货汽车运行燃料消耗量
GB/T	4971—2009	汽车平顺性术语和定义
GB/T	12549—2013	汽车操纵稳定性术语及其定义
GB/T	4970—2009	汽车平顺性试验方法
GB/T	18276—2017	汽车动力性台架试验方法和评价指标
GB/T	27840—2021	重型商用车辆燃料消耗量测量方法
GB/T	5053.1—2006	道路车辆 牵引车与挂车之间电连接器 7芯24V标准型（24N）
GB/T	5053.3—2006	道路车辆 牵引车与挂车之间电连接器 定义、试验方法和要求
GB/T	20070—2006	道路车辆 牵引车与半挂车之间机械连接互换性
GB/T	4606—2006	道路车辆 半挂车牵引座50号牵引销的基本尺寸和安装、互换性尺寸
GB/T	4607—2006	道路车辆 半挂车牵引座90号牵引销的基本尺寸和安装、互换性尺寸

GB/T	15088—2009	道路车辆　牵引销　强度试验
GB/T	13880—2007	道路车辆　牵引座互换性
GB/T	20069—2006	道路车辆　牵引座强度试验
GB/T	31879—2015	道路车辆　牵引座通用技术条件
GB/T	26777—2011	挂车支撑装置
GB/T	4780—2020	汽车车身术语
GB/T	24550—2009	汽车对行人的碰撞保护
GB/T	37337—2019	汽车侧面柱碰撞的乘员保护
GB/T	5922—2008	汽车和挂车　气压制动装置压力测试连接器技术要求
GB/T	34422—2017	汽车用制动盘
GB/T	37336—2019	汽车制动鼓
GB/T	26773—2011	智能运输系统　车道偏离报警系统　性能要求与检测方法
GB/T	33577—2017	智能运输系统　车辆前向碰撞预警系统　性能要求和测试规程
GB/T	36883—2018	液化天然气汽车技术条件
GB/T	25088—2010	道路车辆　牵引车和挂车之间的电连接器　24V7芯辅助型（24S）
GB/T	39895—2021	汽车零部件再制造产品　标识规范
GB/T	39896—2021	厢式货车系列型谱
GB/T	40512—2021	汽车整车大气暴露试验方法
GB/T	40625—2021	汽车加速行驶车外噪声室内测量方法
GB/T	40712—2021	多用途货车通用技术条件
GB/T	6892—2015	一般工业用铝及铝合金挤压型材
GB/T	19869.1—2005	钢、镍及镍合金的焊接工艺评定试验
GB/T	19869.2—2012	铝及铝合金的焊接工艺评定试验
GB/T	3880.2—2012	一般工业用铝及铝合金板、带材　第2部分：力学性能
GB/T	22311—2008	道路车辆　制动衬片　压缩应变试验方法
GB/T	22309—2008	道路车辆　制动衬片　盘式制动块总成和鼓式制动蹄总成剪切强度试验方法

GB/T	20717—2006	道路车辆　牵引车和挂车之间的电连接器　24V15 芯型
GB/T	201716.1—2006	道路车辆　牵引车和挂车之间的电连接器　第 1 部分：25V 标称电压车辆的制动系统和行走系统的连接
GB/T	4606—2006	道路车辆　半挂车牵引座 50 号牵引销的基本尺寸和安装、互换性尺寸

3. 中华人民共和国公共安全行业标准

GA	36—2018	中华人民共和国机动车号牌
GA	801—2019	机动车查验工作规程
GA	802—2019	道路交通管理　机动车类型

4. 中华人民共和国环境保护标准

HJ	437—2008	车用压燃式、气体燃料点燃式发动机与汽车车载诊断（OBD）系统技术要求
HJ	438—2008	车用压燃式、气体燃料点燃式发动机与汽车排放控制系统耐久性技术要求
HJ	439—2008	车用压燃式、气体燃料点燃式发动机与汽车在用符合性技术要求
HJ	689—2014	城市车辆用柴油发动机排气污染物排放限值及测量方法（WHTC 工况法）
HJ	857—2017	重型柴油车、气体燃料车排气污染物车载测量方法及技术要求
HJ	1237—2021	机动车排放定期检验规范
HJ	1181—2021	汽车工业污染防治可行技术指南
HJ	1238—2021	汽车排放定期检验信息采集传输技术规范
HJ	1239.1—2021	重型车排放远程监控技术规范　第 1 部分车载终端
HJ	1239.2—2021	重型车排放远程监控技术规范　第 2 部分企业平台
HJ	1239.3—2021	重型车排放远程监控技术规范　第 3 部分通讯协议及数据格式

5. 中华人民共和国交通运输行业标准

JT/T	1178.1—2018	营运货车安全技术条件　第1部分：载货汽车
JT/T	1178.2—2019	营运货车安全技术条件　第2部分：牵引车辆与挂车
JT/T	1332—2020	粉粒物料运输半挂车
JT/T	389—2010	厢式挂车技术条件
JT/T	1285—2020	危险货物道路运输营运车辆安全技术条件
JT/T	782—2020	营运车辆爆胎应急安全装置技术要求和试验方法
JT/T	885—2014	营运半挂车安全性能要求与检测方法
JT/T	884—2014	营运车辆抗侧翻稳定性试验方法　稳态圆周试验
JT/T	719—2016	营运货车燃料消耗量限值及测量方法
JT/T	1242—2019	营运车辆自动紧急制动系统性能要求和测试规程
JT/T	1250—2019	道路危险货物运输企业等级
JT/T	1274—2019	道路货物运输车辆类型划分
JT/T	617.1—2018	危险货物道路运输规则　第1部分：通则
JT/T	617.2—2018	危险货物道路运输规则　第2部分：分类
JT/T	617.3—2018	危险货物道路运输规则　第3部分：品名及运输要求索引
JT/T	617.4—2018	危险货物道路运输规则　第4部分：运输包装使用要求
JT/T	617.5—2018	危险货物道路运输规则　第5部分：托运要求
JT/T	617.6—2018	危险货物道路运输规则　第6部分：装卸条件及作业要求
JT/T	617.7—2018	危险货物道路运输规则　第7部分：运输条件及作业要求
JT/T	475—2020	挂车车轴
JT/T	230—2021	汽车导静电橡胶拖地带
JT/T	1253—2019	道路运输车辆卫星定位系统　车载终端检测方法
JT/T	794—2019	道路运输车辆卫星定位系统　车载终端技术要求
JT/T	808—2019	道路运输车辆卫星定位系统　终端通讯协议及数据格式

JT/T	510—2004	汽车防抱制动系统检测技术条件
JT/T	883—2014	营运车辆行驶危险预警系统　技术要求和试验方法
JT/T	316—2022	货运挂车产品质量检验评定方法
JT/T	1094—2016	营运客车安全技术条件
JT/T	885—2014	营运半挂车安全性能要求与检测方法
JT/T	198—2016	道路运输车辆技术等级划分和评定要求

6. 中华人民共和国汽车行业标准

QC/T	739—2005	油田专用车辆通用技术条件
QC/T	222—2010	自卸车通用技术条件
QC/T	733—2005	沙漠车辆
QC/T	629—2021	汽车遮阳板
QC/T	460—2010	自卸汽车液压缸技术条件
QC/T	1061—2017	道路运输轻质燃油罐式车辆　防溢流系统
QC/T	1063—2017	道路运输轻质燃油罐式车辆　油气回收组件
QC/T	1065—2017	道路运输易燃液体危险货物罐式车辆　人孔盖
QC/T	932—2018	道路运输液体危险货物罐式车辆紧急切断阀
QC/T	905—2013	汽车防护杠
QC/T	413—2002	汽车电气设备基本技术条件
QC/T	200—2015	汽车和挂车气压制动装置用储气筒性能要求及试验方法
QC/T	796—2008	汽车燃料消耗量标识
QC/T	1062—2017	道路运输轻质燃油罐式车辆　卸油阀
QC/T	1064—2017	道路运输易燃液体危险货物罐式车辆　呼吸阀
QC/T	1129—2019	特种车辆后部防撞吸能装置
QC/T	938—2013	汽车对行人的碰撞保护试验规程
QC/T	912—2013	半挂牵引车与半挂车匹配技术要求
QC/T	900—1997	汽车整车产品质量检验评定方法
QC/T	1—2017	汽车产品图样的基本要求

QC/T	2—2017	汽车产品图样格式
QC/T	3—2017	汽车产品图样及设计文件完整性
QC/T	4—2017	汽车产品图样及设计文件采用与更改办法
QC/T	5—2017	汽车产品图样及设计文件标准化审查
QC/T	6—1992	汽车产品明细表编制规则
QC/T	7—1992	汽车产品设计文件编号规则
QC/T	18—2017	汽车产品图样及设计文件术语
QC/T	265—2004	汽车零部件编号规则
QC/T	266—1999	汽车零件未注公差尺寸的极限偏差一般要求
QC/T	267—1999	汽车切削加工零件未注公差尺寸的极限偏差
QC/T	268—1999	汽车冷冲压加工零件未注公差尺寸的极限偏差
QC/T	269—1999	汽车铸造零件未注公差尺寸的极限偏差
QC/T	270—1999	汽车钢模锻造零件未注公差尺寸的极限偏差
QC/T	326—2013	汽车标准件产品编号规则
QC/T	1100—2019	液态沥青运输车
QC/T	484—1999	汽车油漆涂层
QC/T	518—2013	汽车用螺纹紧固件紧固扭矩

7. 中华人民共和国行业标准（其他）

JB	4708—2000	钢制压力容器焊接工艺评定
JB	4732—2005	钢制压力容器分析设计标准
JB/T	7041.2—2020	液压齿第2部分：齿轮承
JB/T	5943—2018	工程机械焊接件通用技术条件
JB/T	3223—2017	焊接材料质量管理规程
JB/T	4381—2011	冲压剪切下料 未注公差尺寸的极限偏差
NB/T	47003.1—2009	钢制焊接常压容器
NB/T	47064—2017	液体危险货物罐式集装箱
NB/T	47008—2017	承压设备用碳素钢和合金钢锻件

NB/T	47009—2017	低温承压设备用合金钢锻件
NB/T	47010—2017	承压设备用不锈钢和耐热钢锻件
NB/T	47018—2017	承压设备用焊接材料订货技术条件
NB/T	47014—2011	承压设备焊接工艺评定
NB/T	47013.4—2015	承压设备无损检测 第 4 部分：磁粉检测

参 考 文 献

［1］于群利．联合国危险货物和危险化学品分类综述［J］．化工标准•计量•质量,2004（5）：70-71.

［2］霍红．危险化学品储运与安全管理［M］．北京：化学工业出版社，2004.

［3］丁新国，赵云胜．危险源与危险源分类的研究［J］．安全与环境工程，2005（3）：87-89.

［4］张景林．危险化学品运输［M］．北京：化学工业出版社，2006.

［5］钱苏华．国际化学危险品分类体系简介［J］．安全、健康和环境，2010，10（1）：33-35.

［6］慕晶霞，李运才，陈金合，等．浅析化学品分类及分类目录的建立［J］．安全、健康和环境，2010（8）：32-34.

［7］周佳，陆明，武永强．国内汽车《公告》产品准入制度与技术法规发展现状［J］．中国汽车，2020（10）：48-53.

［8］蒋颜．汽车认证标准与法规［M］．北京：北京理工大学出版社，2017.

［9］彭永伦，孙路伟，胡芳芳，等．我国汽车产品市场准入制度及标准［J］．中国标准化，2011（2）：44-47.

［10］左景伊，左禹．腐蚀数据与选材手册［M］．北京：化学工业出版社，1995（10）.

［11］成大先．机械设计手册［M］．北京：化学工业出版社，2017.